30대란
인생에서
무엇인가

30대란 인생에서 무엇인가

What is Thirty

김옥림 지음

흔들리지 않는 인생은 없다
흔들리며 사는 게 인생이다
고난에 무릎 꿇지 마라

오늘의책

이 책을 대한민국의 모든 30대들과
사랑하는 내 아들 김유일에게 바친다.

흔들림에 두려워하지 않기

　인생에 있어 서른이란 나이는 아주 각별하다. 서른은 인생이란 바다를 향해 본격적으로 출항을 하는 시기이기 때문이다.

　남자의 경우 군대를 갔다 오고 대학을 마치고 나면 곧 서른에 접어든다. 운이 좋아 취업이 되어 직장생활을 시작하는 젊은이들도 있지만 그렇지 않은 경우가 훨씬 더 많은 게 현실이다. 정규직은 아예 꿈도 못 꾼다. 비정규직이 대부분이고 그것도 경쟁이 치열하다. 비정규직을 갖는다 해도 계약기간이 끝나고 나면, 재계약을 하기 전엔 또다시 사회에 내쳐지고 만다.

　여자의 경우 사회 진출 시기는 남자보다는 조금 빠르다. 군대를 가지 않는 기간만큼 남자보다 빨리 사회에 나간다. 그러나 여자 역시 제대로 된 직장생활을 하는 사람보다는 그렇지 않은 사람이 더 많다. 남자들과 다를 바 없는 현실인 셈이다.

　취업이 안 되다 보니 사회 진출은 그만큼 늦어질 수밖에 없다. 인재는 많으나 일할 곳은 없는 게 우리 사회가 안고 있는 가장 큰 문제다.

　이렇다 보니 자연히 결혼도 늦어지고, 모든 것이 다 늦춰진다. 앞날이 불안하기 때문이다. 이를 무능한 정부 탓으로 돌리기엔 사회 구조 자체가 심각한 모순에 빠져 있다. 사회 구조를 전반적으로 확 뜯어고치기 전에는 해결이 어렵다. 그렇다면 이 문제에 어떻게 대처해야 할까.

그것은 각자가 해결해야 할 문제다. 이에 대해 반론을 제기하는 사람들도 있을 것이다. 하지만 나는 냉정히 생각하라는 거다. 지금 믿을 수 있는 곳은 아무 데도 없다. 믿을 사람 또한 아무도 없다.

물론 돈 많은 부모 만난 자식들이야 배 두드리며 흥청망청거리겠지만 그 외의 젊은이들은 스스로를 믿어야 한다. 자신이 자신을 믿지 못하면 인생이 허무하게 끝나게 될지도 모르는 일이다. 정치하는 이들은 자신들이 정권을 잡으면 마치 세상이 상전벽해할 듯 떠들어대지만 그들의 말은 믿을 만한 가치가 없는 헛소리에 불과하다. 지금껏 자신들이 정권을 잡는다면 어쩌고 하는 이들을 믿고 왔지만 결국 말장난에 지나지 않았다.

늘 잘되는 사람들은 따로 있었다. 바로 기득권을 가진 자들이다. 있는 자들의 곳간은 차고 넘쳐 새 곳간을 짓기에 바쁘다. 그러나 서민들은 곳간마다 텅텅 비어가는 게 지금 우리 사회의 현실이다.

그런데 이 상황에서 누굴 믿을 수 있단 말인가. 그러니까 믿을 사람은 자기 자신밖에 없다는 거다. 자신마저 믿을 수 없다면 최악의 상황이 오고 만다. 정신을 바짝 차리지 않으면 안 된다. 그리고 사는 게 뭐 같다며 징징거려서도 안 된다. 어느 누구도 흔들리지 않는 인생은 없다. 흔들리며 사는 게 인생이다.

그러면 어떻게 해야 어려운 현실을 극복하고 지금보다 나은 나를 만들 수 있을까?

첫째, 스스로 강해져야 한다. 강해지지 않으면 살 수 없다. 미래의 삶은 더욱 강해지길 요구할 것이다. 강철 같은 의지를 길러야 한다. 강철 같은 의지야말로 그 어떤 상황에서도 자신을 지키는 보루가 될 것이기 때문이다.

둘째, 끝까지 공부하는 자가 살아남는다. 자신의 삶을 혁신시키기 위해서는 공부만큼 좋은 것이 없다. 그런데 지금 30대들을 보면 너무 공부를 안하는 것 같다. 자신의 미래를 생각하면 어떻게 그럴 수 있는지 자못 걱정스럽다. 요즘처럼 읽을거리가 풍부한 시대는 없었다. 그런데 책을 읽지 않아 서점마다 파리만 날린다고 한다. 책은 자신의 삶을 새롭게 변화시키는 데 가장 필요한 수단이다. 공부해야 한다. 공부하지 않으면 밝은 미래는 없다.

셋째, 무엇인가 의미 있는 삶을 살아야 한다. 세계적으로 성공한 삶을 살았던 사람들은 자신만을 위해 살지 않았다. 자신이 잘될 수 있었던 것은 자신이 살고 있는 사회와 사람들이 힘이 되어주었기 때문이라고 생각했다. 그래서 그 빚을 갚아야 한다는 신념으로 사회를 위해 자신이 가진 것을 아낌없이 내놓았던 것이다. 그들은 어떻게 사는 것이 잘 사는 것인지를 보여준 인생의 선각자들이다. 그들의 삶을 배우고 익혀 실천하는 내가 되어야 한다.

넷째, 항상 소망하고 기도하길 바란다. 유대인들은 최악의 순간에도 희망을 잃지 않은 민족으로 정평이 나 있다. 그들은 이천 년 동안 뿔뿔이 흩어져 이민족으로부터 온갖 핍박을 받았지만 결코 죽지 않았다. 끝까지 살아남아 세계를 움직이는 힘을 갖게 되었던 것이다. 그들이 그렇게 살 수 있는 것은 항상 소망하고 기도하는 삶을 놓지 않았기 때문이다. 소망하는 삶은 아름답다. 그 삶에는 꿈이 들어 있다. 자신이 잘되길 바란다면 늘 소망하고 기도하라.

만족한 삶을 살고 싶다면 이 네 가지 마인드를 가슴에 품고 날마다 소망하며 실천해야 한다.

이 책은 어떻게 사는 것이 나를 위하는 것이며 나아가 타인을 위하고 사회를 위하는 것인지를 잘 알게 해줄 것이다. 이와 더불어 이 책엔 성공했던 사람들의 실제적인 이야기들이 생생하게 담겨 있다.

또한 내가 지금껏 살아오며 겪고 느꼈던 철학과 사상이 고스란히 녹아 있다. 경험보다 좋은 스승은 없다. 경험은 살아 있는 지식이며 지혜이기 때문이다. 그것을 읽는 것만으로도 자신이 무엇을 해야 하며 어떻게 살아야 하는지를 잘 알게 될 것이다.

그리고 자신의 삶을 변화시키는 데 도움이 되는 다양한 명언과 사자성어 등 실제적인 이야기들이 각 장마다 꾸며져 있어 그것을 하나씩 하나씩 실천에 옮긴다면 크게 변화되는 자신의 모습을 체험하게 될 것이다.

행복은 앉아서 기다리는 자에게는 오지 않는다. 그 행복을 찾기 위해 노력하는 자에게만 찾아올 뿐이다. 이와 마찬가지로 희망은 변할 준비가 되어 있는 자에게만 찾아온다.

30대란 자신의 얼굴을 책임져야 할 나이이다. 아무리 현실이 어려워도 흔들리지 말고 중심을 잡아야 한다. 중심을 잡으면 길이 보인다. 자신이 원하는 삶을 사는 30대가 되기 바란다.

김옥림

| 차례 |

Chapter 2
공부하는 자가
끝까지 살아남는다

Chapter 3
성공한 사람들의
7가지 성공 마인드

Chapter 4
처음 마음과 늘
같은 마음으로 살기

Chapter 5

감동은 무쇠 같은 사람도
어깨를 들썩이게 한다

What is Thirty

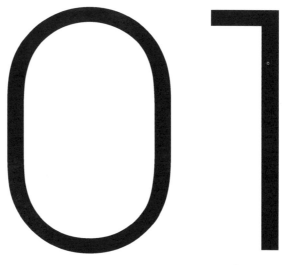

01

Chapter

희망은 변할 준비가
되어 있는 자에게만
찾아온다

간절히
꿈꾸면
그 꿈대로
살게 된다

"꿈을 향해 담대하게 나아가라. 자신이 상상하는 대로 그 삶을 살아라."

미국의 자연주의 철학가이자 사상가인 헨리 데이비드 소로는 이렇게 말했다. 소로는 자신이 꿈꾸는 것을 실천하기 위해 월든 호숫가에 한 칸짜리 오두막집을 짓고, 작은 텃밭을 가꾸며 필요한 만큼만 가꾸어 먹었다. 필요 이상의 것을 취한다는 것은 자연의 질서에 위배되는 일이라고 믿었던 것이다. 부와 명예를 초탈한 그의 삶은 쉽게 살 수 없는 것이기에 많은 사람들로부터 존경을 받았다. 그렇다고 해서 소로처럼 무조건 청빈하게만 살아가라는 말은 아니다. 누구나 그렇게 산다면 그 또한 삶의 질서를 위배하는 일이다. 내가 말하고자 하는 것은 자신이 꿈꾸는 대로 생각하고 행동하라는 것이다.

30대 역시 누구나 꿈을 꾼다. 그러나 그 꿈을 이루려는 노력이 부족한 30대들이 많음을 볼 수 있다.

지금 우리 사회는 취업에 따른 복합적인 문제로 인해 삶의 지도가 많이 변화하였고 변화하고 있다. 서른 이전에 취업을 하는 젊은이들이 많지 않아 여전히 자기 일을 갖지 못하고 헤매는 경우가 많다. 일이 있다고 해도 자신의 전공과 전혀 무관한, 그것도 비정규직이 대부분이다. 하지만 이 또한 밀려드는 경쟁자들로 인해 자리 얻기도 쉽지 않다. 설령 자리를 얻었다 해도 1년 내지는 2년의 단기 계약직뿐이다. 그렇다 보니 계약이 끝나면 또다시 실직자가 되어 구직을 위해 이리저리 떠돌아야 한다.

언젠가 도서관에 갔더니 30대로 보이는 남녀들이 거반 자리를 차고 앉아 책에 눈을 고정시킨 채 움직일 줄을 몰랐다. 그 많은 30대들이 취업을 위해 도서관에 앉아 자신과의 싸움에 빠져 있었던 것이다. 나는 그들을 보며 인생의 선배로서 안타까운 마음을 떨치지 못했다.

그러나 한 가지 분명히 할 것이 있다. 어떤 상황에서도 꿈을 잃어서는 안 된다는 것이다. 최악의 순간에도 그것은 마찬가지다.

그 어느 시대고 우리에게 안락한 삶은 한 번도 주어지지 않았다. 삶의 조건과 환경이 다를 뿐 사람 사는 일은 크게 차이가 없었다. 이는 요즘이라고 해서 별반 다르지 않다는 것이다. 다만 사회의 구조와 제도가 다를 뿐이다.

꿈을 잃지 말고 열심히 하렴, 그러면 너는 반드시 최고가 될 거야

한 소년이 있었다. 집이 너무 가난해 학교조차 다닐 수 없었다. 그가 가진 거라고는 지독한 가난뿐이었다. 그는 집안을 돕기 위해 하루 종일 쪼그리고 앉아 일을 해야만 했다. 해도 해도 일은 끝이 없었다. 하루 열 시간이 넘게 일을 해도 삶은 달라지지 않았다. 일이 힘들다 보니 팔도 아프고 엉덩이도 아팠다.

그는 학교에 다니는 친구들을 보면 한없이 부러웠다.

'나도 저애들처럼 공부하며 맘껏 놀고 싶어. 그런데 나는 왜 이처럼 가난해야 하지? 나도 딱 한 번만이라도 학교에 다녀봤으면 좋겠다.'

소년은 이렇게 생각했지만 그것은 꿈과 같은 일이라는 걸 잘 알았다. 그렇기에 소년의 마음은 더욱 쓰리고 아팠다.

그러나 소년은 날마다 생각했다.

'나는 멋진 가수가 될 테야. 그래서 엄마를 행복하게 해드릴 거야. 그리고 많은 사람들에게 즐거움을 주겠어. 그래서 내가 만나는 모든 사람에게 행복을 선물할 거야.'

소년의 꿈은 아주 야무졌다. 소년은 힘든 노동이 끝나면 겨우 허기나 면하고 노래 연습을 했다. 레슨비가 없어 독학으로 연습을 하자니 자신이 제대로 하고 있는지조차도 몰랐다. 하지만 그래도 열심히 노래 연습을 했다.

그의 노래를 인정해주는 사람은 어머니뿐이었다. 소년의 어머니는 아들이 기가 꺾이지 않도록 "애야, 난 네 노래가 너무도 좋단다. 이 세상 그 어떤 가수보다도 네 노래가 단연 최고란다. 그러니 꿈을 잃지 말고 열심히 하렴. 그러면 반드시 최고의 가수가 될 거야." 하고 용기를 북돋아주었다.

그렇게 시간은 흘러갔고 그는 한시도 게으름을 피우지 않고 꿈꾸는 대로 생각하고 행동하였다. 그 결과 누구도 넘볼 수 없는 세계 최고의 테너 가수가 되었다. 그가 바로 엔리코 카루소이다.

샌드백에 자신의 꿈을 건 소년, 세계 최고의 자리에 오르다

미국의 켄터키 주 루이빌 흑인 빈민가에 한 흑인 소년이 살고 있었다. 소년은 깜둥이라고 놀리는 백인들에게 얻어맞지 않기 위해 권투를 배웠다. 돈이 없어 체육관에서 정식으로 배울 수도 없었다. 하지만 그는 자신을 조카처럼 대해주는 아저씨에게서 열심히 권투를 배웠다.

"야, 너 제법이구나. 이대로만 꾸준히 한다면 훌륭한 권투 선수가 되겠는걸."

"정말요, 아저씨?"

"그럼, 정말이고말고. 그러니까 한눈팔지 말고 지금처럼 열심히 해라."

"예, 아저씨."

소년은 아저씨의 칭찬에 신이 나 샌드백을 두드려댔다. 날이 갈수록 소년의 권투 실력은 몰라보게 달라졌다.

소년에겐 꿈이 있었다. 올림픽에 나가서 금메달을 따는 것이었다. 그리고 최종 목표는 프로로 전향해 챔피언이 되는 것이었다.

소년은 올림픽 국가대표 선발전에 나가 모든 경쟁자들을 쓰러뜨리고 라이트헤비급 대표로 선발되어 1960년 로마 올림픽에서 18세 나이로

라이트헤비급 금메달리스트가 되었다. 미국은 그에게 열광했다.

첫 번째 꿈을 이룬 소년은 프로로 전향했다. 몸무게를 늘려 헤비급 챔피언 도전자가 되었다. 당시 챔피언은 20세기의 최고 복서라고 인정받으며 '갈색 폭격기'라는 닉네임이 붙은 리스톤이었다. 소년은 그를 이기고 당당히 역대 두 번째인 최연소 세계챔피언이 되었다.

그후 그는 세 차례나 헤비급 세계챔피언에 오르면서 세계 복싱사상 최고의 선수로 존경받는 인물이 되었다. 그는 부와 명예, 인기를 모두 손에 쥐었지만 몸을 낮춰 봉사활동을 하며 지냈다.

그런데 안타깝게도 지금은 파킨슨씨병으로 인해 몸이 많이 불편하다. 하지만 모든 이들에게 꿈을 주는 멘토로 활발하게 활약하고 있다.

그의 이름은 무하마드 알리이다.

여기서 잊어서는 안 될 것이 있다. 카루소와 알리는 둘 다 지독한 가난 속에서도 늘 꿈꾸는 대로 생각하며 행동했다는 것이다. 카루소와 알리에게 가난은 불편한 일일 뿐 자신의 꿈을 방해하는 것은 아니었다. 그랬기에 더욱 단단해질 수 있었고, 최악의 순간에도 꿈을 향해 나아간 끝에 마침내 꿈을 이루고 최고의 인생을 만들어갈 수 있었던 것이다.

기회가 당신에게 손을 내밀 때까지

어느 날엔가 여러 명의 30대로부터 메일을 받았다. 하나같이 그들은 많이 힘들어하고 지쳐 있었다. 심지어 이진명이라는 35세의 젊은이는,

취업은 자신과 무관한 일일 거라는 이야기까지 했다. 그리고 하루에도 몇 번씩 모든 것을 포기하고 싶다고 호소했다. 어떻게 하면 자신이 이 험한 시대를 헤치고 갈 수 있는지 용기를 달라고 했다.

> 이 세상엔 최악의 순간에도 끝까지 자신을 이겨내고 승리한 사람들이 많습니다. 그들이 모두 자신을 포기했다면 세계 역사는 지금과는 완전히 달라졌을 거예요. 에디슨도, 앤드류 카네기도, 링컨도, 알렉산더 플레밍도, 조지 워싱턴도, 조셉 퓰리처도, 세르반테스도, 스티븐 스필버그도 자신을 포기했을 테니까요. 하지만 그들은 끝까지 포기하지 않고 최선을 다한 끝에 성공한 인생이 되었지요. 그들이 자신들을 이겨냈기에 오늘이 있는 것입니다.
> 인생은 짧은 것 같지만 결코 짧지 않습니다. 앞으로 이진명 씨에게 어떤 삶이 펼쳐질지는 아무도 모릅니다. 그것은 오직 하나님만 아는 일이지요. 그러니 절대 놀지 말고 무슨 일이라도 하기 바랍니다. 꾸준히 하다 보면 새로운 기회가 주어지게 될 겁니다. 기회는 포기하지 않는 사람을 좋아하니까요. 그래서 그 사람의 손을 들어주지요. 기회가 손을 내밀 때까지 꿈꾸는 대로 생각하고 행동하며 끝까지 참고 버텨내기 바랍니다. 그러면 반드시 그날이 올 겁니다.
> 행운을 빕니다.

이는 내가 그에게 보내준 메일이다.

이틀 후 그로부터 고맙다는 메일을 받았다. 그는 작은 일이라도 소중히 여겨 힘껏 해보겠다고 약속했다.

그가 자신의 다짐대로 잘하고 있으리라 믿는다.

자기만의 꿈 설계도에 따라 꿈의 빌딩을 지어라

30대여, 그대는 그대의 꿈의 설계도를 갖고 있는가?

만일 그렇지 않다면 지금 당장 꿈의 설계도를 그려라. 누군가에게 의존하지 말고 그대가 직접 꿈의 설계도를 그리기 바란다.

설계도에 따라 초고층 빌딩을 짓고, 인천대교 같은 거대한 다리를 놓고, 거대한 항공모함 레이건 호도 건조하는 것이다. 설계도가 없다면 그 어느 것도 할 수 없다.

사람은 누구나 자기 인생의 주인공이다. 그런데 어떤 이는 화려한 주인공으로 사는데 어떤 이는 초라함 그 자체이다. 그 무엇이 이런 결과를 낳는 것일까? 그것은 꿈의 설계도가 있느냐 없느냐의 문제이다. 그리고 더 큰 문제는 꿈의 설계도에 따라 꿈의 빌딩을 지었느냐 하는 것이다.

꿈을 이루려면 꿈꾸는 대로 생각하고 행동해야 한다.

"꿈을 향해 담대하게 나아가라. 자신이 상상하는 대로 그 삶을 살아라." 라고 말한 헨리 데이비드 소로의 말은 그래서 더욱 설득력이 있는 것이다.

Tip
Life Point

꿈은 아직까지 이루어지지 않은 믿음의 실체이다. 보이지 않는 꿈을 꾸며 산다는 것은 어쩌면 막연하다는 생각이 들 때도 있다. 더구나 현실이 고통스러우면 더욱 그런 생각이 든다. 하지만 믿는 자가 결국 꿈을 이루는 법이다. 괴테는 "꿈꾸는 대로 이루어진다."고 말했다. 그렇다. 모든 것은 꿈꾸는 대로 이루어진다. 1988년 서울 올림픽도, 2002년 월드컵도, 2018년 평창 동계올림픽도 모두 꿈꾸는 대로 이루어졌고 경기를 유치하였다. 자신의 꿈을 이루고 사는 자와 그렇지 않은 자의 차이는 꿈을 꾸고 행동했느냐 아니냐에 달려 있다. 자신의 꿈을 이루고 싶다면 끝까지 꿈꾸고 행동하라.

희망은 변할 준비가
되어 있는 자에게만 찾아온다

02

희망은
변할 준비가
되어 있는
자에게만
찾아온다

희망은 꿈꾸는 자의 편이다. 그러나 모두에게 편이 되어주는 것은 아니다. 희망을 받아들일 준비가 되어 있는 자, 즉 무언가 새롭게 변화할 준비가 되어 있는 자에게만 찾아가 손을 잡아준다. 희망은 꿈만 꾸는 자에게는 찾아가지 않는다. 변화할 준비가 되어 있지 않기 때문에 찾아가봐야 별 의미가 없기 때문이다. 희망은 새로운 생각, 새로운 목표, 새로운 꿈으로 무장되어 있는 자에게는 언제나 러브콜을 보낸다. 동서고금을 막론하고 새로운 인생을 개척하여 성공한 이들은 모두 같은 마인드를 가졌다. 희망이 이끄는 대로 잘 따르고 잘 받아들였던 것이다.

에디슨이 멍청할 만큼 무모해 보이는 연구를 통해 성공을 이끌어냈듯

한 남자가 있었다. 그는 무언가 세상을 확 바꾸어놓을 만한 일을 하고 싶었다. 그렇게 생각하는 순간 그의 가슴엔 희망의 불꽃이 활활 타올랐다. 한시라도 가만히 있으면 견딜 수가 없었다. 그의 마음속에서 연신 '뭐 하고 있는 거야. 빨리 시작해! 어서, 빨리 시작하란 말이야!' 하며 메시지를 보내왔던 것이다.

그는 자신의 새로운 꿈을 위해 컴퓨터 개발에 도전장을 내밀었다. 그때는 1960년대로, 지인들은 그를 무모한 사람이라고 손가락질하며 비아냥거렸다. 그도 그럴 수밖에 없었던 것이 컴퓨터 개발에는 수백만 달러의 돈이 필요했기 때문이다. 이는 그 당시로서는 어마어마한 돈이었다. 그런데 거금을 들여 확실한 성공도 보장되지 않는 사업에 투자한다고 하니, 다들 그가 정신이 이상해진 게 아니냐며 바라보았다.

그러나 그의 생각은 달랐다. 에디슨이 멍청할 만큼 무모해 보이는 연구를 통해 성공을 이끌어냈듯이 그 또한 모든 것을 감내해야만 한다고 생각했다. 그는 자신의 아이디어에 대해 할 수 있다는 굳은 신념으로 자신의 인생을 걸고 연구에 박차를 가했다.

하늘은 스스로 돕는 자를 돕는다는 말처럼, 서서히 연구 결과가 나타나기 시작했다. 그리고 마침내 360기종 컴퓨터를 만들어내는 데 성공하였다. 그는 성공으로 막대한 부를 쌓았고, 많은 이들로부터 찬사를 받는 성공한 인물이 되었다.

그는 바로 컴퓨터 혁명을 이끈 불세출의 IBM 창업자 토머스 J. 왓슨이다.

게임의 룰이 바뀔 때마다 기회는 온다

자신을 새롭게 변화시켜 새로운 인생을 개척한 또 다른 한 남자를 보자.

그는 조국 헝가리가 독일에 점령당하자 조국을 떠나 영국으로 갔다. 더 이상 조국은 그에게 희망을 주지 못했기 때문이다. 무일푼으로 영국에 도착한 그는 살기 위해 주린 배를 움켜쥔 채 웨이터로 일했다. 하루하루가 힘들고 고달팠지만 목표가 있는 그는 이를 악물고 참아냈다. 만약 중도에서 포기한다면 자신의 꿈은 물거품이 되고, 자신은 노숙자로 전락할 수밖에 없다는 것을 너무도 잘 알고 있었다.

힘들게 일해 학비를 모은 그는 런던경제대학에 입학해 미래를 개척해나갔다. 어렵게 공부를 마친 그는 1956년 미국 F. M. Mayer사의 주식중개인으로 근무를 시작하였다.

그후 뛰어난 분석과 예리한 통찰력으로 주식시장에서 명성을 날리기 시작했다. 그는 하는 일마다 긍정적인 성과를 낳았고, 21세기 최고의 펀드매니저로 인정받게 되었다. 그가 바로 투자의 귀재 조지 소로스이다.

그는 "게임의 룰이 바뀔 때마다 기회는 온다."라는 승자의 법칙으로 일관한 끝에 세계적인 거부가 되었다.

저술가인 데니스 웨이틀리는 이렇게 말했다.

"시작하기 전부터 성공을 예측하라. 승자라면 어떤 게임을 하든 성공할 거라는 기대를 갖고 시작한다."

조지 소로스는 데니스 웨이틀리의 이 말처럼 자신이 하는 일에 시작 전부터 성공할 수 있다는 신념을 가졌다. 그의 신념은, 승자라면 어떤 게임을 하든 성공할 거라는 기대를 갖고 시작한다는 것이었다. 그는 자신의 신념을 실천한 끝에 성공적인 인생을 만들었다.

준비하는 사람에게 삶은 미소를 짓는다

내가 친조카처럼 끔찍이 아끼는 출판사 대표가 있다. 그는 부산에서 대학을 졸업하고 스물일곱 나이에 맨주먹으로 낯선 서울 한복판에서 출판계에 뛰어들었다.

그가 처음 한 일은 마케팅이었다. 마케팅 일은 현장에서 직접 발로 뛰는 일이라 출판계의 동향을 확실하게 파악하고 습득할 수 있다는 것이 최대의 장점이었다. 반면에 여기저기로 바삐 다녀야 하기 때문에 퇴근 때에는 파김치가 되었다. 그래도 그는 좋았다. 그에게는 꿈이 있었기 때문이다.

그렇게 현장 실무를 쌓은 그는 편집 일로 방향을 틀었다. 누구보다도 냉철하고 머리 회전이 빠른 그는 남들이 하나를 익힐 때 두 개, 세 개를 익혔다. 그만큼 자신에게도, 일에도 철저했다. 그는 편집 일에서 두각을 나타냈다. 만드는 책마다 좋은 결과를 낸 것이다. 그렇게 한동안 실무를 탄탄하게 쌓던 그는 어느 날 사직서를 내고 프랑스 유학을 떠났다. 그것도 전세금을 탁탁 털어서 말이다. 그는 결혼도 했지만 그의 아내 또한 그와 같은 일을 했고 같은 꿈을 가졌다.

그는 프랑스에서 만화 이론에 대해 공부했다. 그가 낯선 이국땅에서의 어려움을 이겨낼 수 있었던 것은 미래를 향한 꿈이 있었기 때문이었다. 2년 동안의 공부를 마친 그는 맨주먹으로 서울로 돌아왔다. 오자마자 그는 곧바로 출판사에 취직이 되었다. 그의 뛰어난 능력을 잘 알고 있던 모 출판사 사장이 그의 귀국 소식을 듣고 바로 자리를 마련한 것이었다.

그는 새로운 각오로 일을 시작하였다. 그의 예리한 기획력은 내는 책마다 좋은 결과를 안겨주었다. 출판사는 날로 발전하여 네 개의 출판 브랜드를 소유하게 되었다. 이 모두가 그가 일궈낸 결실이었다. 그는 여기서 머물지 않고 또다시 새로운 변화를 준비하였다. 아무리 뛰어난 능력을 발휘하고 좋은 대우를 받는다고 해도 그 출판사는 남의 소유였다. 그는 자신의 출판사를 갖고 싶었다.

그는 새로운 변화를 위해 차근차근 준비해나간 끝에 드디어 2009년 12월에 출판사를 창립하였다. 비록 지하에 마련된 작은 공간이었지만 그것은 문제가 되지 않았다. 그의 아이디어는 무궁무진했고 그의 주위에는 평소에 잘 관리해온 든든한 작가들이 포진해 있었다.

그리고 마침내 첫 책을 발행하였다. 어려운 출판 시장에서도 판매는 순조롭게 이어졌다. 그후 내는 책마다 순조롭게 판매로 이어졌고 마침내 지하에서 벗어나 2층의 넓은 공간으로 출판사를 이전하였다. 본인을 포함한 두 명의 직원이 지금은 세 배 이상 늘었고 세 명의 기획위원까지 두게 되었다. 그는 지금까지 48권이 넘는 책을 냈으며 더 한층 탄력적으로 좋은 책들을 만들어가고 있다. 3년 남짓 짧은 기간에 이룬 놀라운 결과이다.

혹자는 말할지도 모른다. 그게 뭐 그리 놀라운 일이냐고. 그러나 그것은 출판 시장을 잘 모르기 때문에 하는 말이다. 지금은 그 어느 때보다도 출판 시장이 열악하다. 지금 현재 2만여 개의 출판사가 등록되어 있지만 1년에 한 권 이상의 책을 내는 출판사는 불과 10퍼센트도 되지 않는다고 한다. 거기다 자본을 무기로 인터넷 광고며 신문, 방송, 잡지 등 온갖 매체에 마케팅 전략을 펼치는 메이저급 출판사들의 틈바구니에서 변변한 자본금 없이 그러한 성과를 이뤘다는 것은 열 손가락에 꼽힐 만한 놀라운 결과이다. 그는 또 〈가방도서관〉이라는 어린이·청소년 출판 브랜드를 오픈하여 지금은 두 개의 출판사를 두고 있다.

그에겐 좋은 마인드가 있다. 첫째, 출판 전략은 신중하게 세우되 한번 결정된 사항에 대해서는 신속하게 추진하는 강한 추진력이다. 사람들 중엔 이리저리 망설이다 끝내 해보지도 못하고 끝내는 사람들이 있다. 또한 실행을 하더라도 뒷심 부족으로 포기하는 경우가 많다. 하지만 그는 실수를 용납하지 않을 만큼 철저하다.

둘째, 새로운 변화를 두려워하지 않는다. 아무리 좋은 아이템을 갖고 있다 해도 새로운 변화에 두려움을 갖는다면 아무것도 이룰 수 없다. 무언가 새로운 것을 얻으려면 도전을 두려워해서는 안 된다. 그는 늘 새로운 변화를 꿈꾸고 도전을 즐길 준비를 하고 있다.

셋째, 풍부한 아이디어와 창의력을 갖고 있다. 아이디어와 창의력은 무형의 자산이다. 그는 맨주먹으로 시작했지만 돈으로는 살 수 없는 아이디어와 창의력으로 무에서 유를 창조하고 있다. 언제나 그를 보면 에너지가 끓어넘친다.

넷째, 인적 네트워크를 잘 갖추고 있다. 인적 자원 역시 중요한 자산이다. 아무리 돈이 많고 아이디어가 풍부하다 해도 그것을 실행하는 데 필요한 인적 자원, 즉 작가들이 없다면 무용지물이다. 그는 늘 진지하고 겸허한 자세로 작가들과 소통하며 인맥을 관리하고 있다.

다섯째, 늘 공부하는 자세이다. 그는 지금 출판사 일 외에도, 대학에서 만화 이론을 강의하는 만화 이론가이다. 또한 그는 대학원에서 박사 과정을 밟고 있다. 보통 한 가지 일도 하기 힘든데 그는 1인 3역을 훌륭하게 해내고 있다. 공부는 새로운 변화를 꿈꾸는 그에겐 인생의 필수 아미노산과도 같은 것이다.

여섯째, 정직한 믿음과 신뢰성이다. 그는 아주 정직하다. 술수를 부릴 줄도 모르고 얼렁뚱땅 대충 넘어가지도 않는다. 그는 책의 가치를 잘 알고 책을 만드는 사람이다. 돈벌이만 생각하는 일부 출판사 사장들과는 격이 다르다. 언제나 판매보고에 정직하고 믿음을 저버리지 않는 정직한 품성을 가졌다.

그는 바로 신생 출판사의 선두주자 중 하나인 〈팬덤북스〉의 박세현 대표이다. 내가 그를 친조카 이상으로 아끼고 신뢰하는 까닭을 잘 알았을 것이다. 나는 그의 말이라면 팥으로 메주를 쑨다고 해도 믿는다. 나는 한번 믿은 사람은 끝까지 믿는다. 나는 그를 볼 때마다 그가 내 곁에 있다는 것이 너무 대견하고 자랑스럽다.

승자는 눈을 밟아 길을 만들지만 패자는 눈이 녹기를 기다린다

승자와 패자에겐 몇 가지 대비되는 특징이 있다. 승자는 첫째, 무슨 일이든 낙관적이고 긍정적으로 생각한다. 둘째, 성공을 예감하고 일을 시작한다. 셋째, 길이 없으면 길을 찾고, 찾아도 없으면 길을 만들어서 간다. 넷째, 창의적인 상상력을 지녔다.

반면에 패자는 첫째, 무슨 일이든 비관적이고 부정적으로 생각한다. 둘째, 성공을 예감하기보다는 되는 대로 일을 시작한다. 셋째, 길이 없으면 갈 생각을 아예 하지 않는다. 넷째, 고정관념에 사로잡혀 변화를 두려워한다.

"승자는 눈을 밟아 길을 만들지만 패자는 눈이 녹기를 끊임없이 기다리고 기다린다."

이는 《탈무드》에 나오는 말인데 능동적이고 적극적인 생각과 부정적이고 소극적인 생각의 차이를 확실하게 보여준다.

사람은 누구나 성공하고 싶어 한다. 성공은 기분 좋은 일이며 행복한 일이기 때문이다. 하지만 성공하고 싶다고 누구나 성공하는 것은 아니다. 성공할 준비가 되어 있는 사람만이 성공할 수 있다.

토머스 J. 왓슨이나 조지 소로스처럼, 또 박세현 대표처럼 새로운 생각, 새로운 목표, 새로운 꿈으로 무장되어 있는 자만이 성공할 수 있는 것이다.

　30대인 그대가 성공하고 싶다면 희망을 받아들일 준비가 되어 있어야 한다. 희망은 무엇인가 새롭게 변화할 준비가 되어 있는 자에게만 찾아가 손을 잡아준다. 그리고 나아가, 무슨 일을 시작하기 전엔 반드시 성공을 예측하고 시작하라. 성공할 수 있다고 믿는 순간 성공은 그대 곁으로 다가온다는 것을 기억하고 행동하라.

What is Thirty

Tip
Life Point

희망은 새롭게 변화할 준비가 되어 있는 사람에게만 찾아간다. 희망을 맞을 아무런 준비도 되어 있지 않은 사람은 아무리 기다려도 희망은 오지 않는다. 희망이 찾아오지 않는다고 불평하지 마라. 그것은 모두 자신의 책임이다. 희망을 맞아 새로운 내가 되고 싶다면, 희망이 찾아오도록 새롭게 변할 준비를 하라. 또한 희망을 품고 변할 준비가 되어 있다면 일을 시작하기 전부터 성공할 수 있다는 신념을 가져야 한다. 이기는 사람들은 무엇을 하든 이길 거라는 기대를 갖고 시작한다. 그러나 지는 사람은 마지못해 하는 마음으로 한다. 이기려는 마음, 그것이 성공의 힘이다. 승자는 어떤 환경에서도 불만을 말하지 않는다. 오히려 그것을 긍정의 에너지로 삼는다. 하지만 패자는 좋은 환경 속에서도 부정적으로 생각한다. 승자와 패자, 그것은 마음가짐에서 오는 확실한 결과의 차이이다.

희망은 변할 준비가
되어 있는 자에게만 찾아온다

원하는
삶을 사는
세 가지
긍정의 법칙

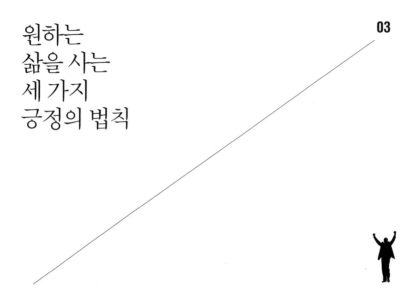

긍정적인 생각이 삶에 미치는 영향은 누구나 잘 알고 있을 것이다. 그런데도 많은 사람들이 쉽게 포기하고 부정적인 생각을 버리지 못하고 있다. 그것은 왜일까? 자신이 자신을 믿지 못하기 때문이다. 이것이 보통 사람들이 갖는 생각이다.

자신이 원하는 것을 얻으려면 스스로를 믿지 못하는 부정적인 생각을 과감히 깨뜨려버려야 한다. 부정적인 생각을 마음으로부터 몰아내기 위해서는 다음의 세 가지 긍정의 법칙을 마음속에 새기기 바란다. 그리고 그것을 반복적으로 작동시켜야 한다. 그렇게 꾸준히 하다 보면 몸에 밴 습관처럼 부정적인 모드를 긍정의 모드로 바꾸어놓게 된다.

다음은 세 가지 긍정의 법칙이다.

모든 것을 긍정적으로 생각하라

한 인간의 삶에서 생각의 기능은 매우 중요하다. 모든 것은 생각에서 출발하기 때문이다. 그렇기 때문에 긍정적인 생각으로 무장한다는 것은 자신이 하는 일에 항상 가능성을 열어놓고 있다는 것을 의미한다 하겠다. 긍정적인 생각은 그만큼 힘이 세다.

이에 대해 미국의 소설가 매들린 랭글은 이렇게 말했다.

"긍정적인 태도는 강력한 힘을 갖는다. 그 어느 것도 그것을 막을 수 없다."

매들린 랭글의 말은 매우 적확한 지적이 아닐 수 없다. 그의 말은 긍정의 의미를 함축적으로 보여준다.

호텔 벨보이로 시작해서 온갖 허드렛일을 마다하지 않고 열심히 일하며 꿈을 키운 끝에 전 세계에 자신의 이름을 브랜드로 내걸고 호텔 왕국을 이룬 콘라드 힐튼의 예를 보자.

그가 초라한 벨보이에서 호텔 최고 경영자로 발돋움할 수 있었던 요인은 무엇일까? 그것은 바로 긍정적인 마인드로 강력한 실천력을 발휘한 끝에 이뤄낸 결과였다.

그는 현재 자신의 모습을 조금도 초라하게 여기지 않았다. 자신에게 주어지는 모든 것을 있는 그대로 받아들였다. '나는 왜 부모를 잘못 만나 이런 고생을 하지?' 하는 따위의 생각은 하지 않았다는 것이다. 그런 생각은 자신을 비굴한 겁쟁이로 만들 뿐이라 여겼다. 그러한 그의 생각을 가로막는 것은 어디에도 없었다. 그가 결코 용납하지 않았던 것이다.

이렇듯 긍정적인 생각은 그 무엇으로도 막을 수 없는 강력한 에너지를 발생시킨다. 콘라드 힐튼은 강력한 긍정의 힘으로 자신의 길을 갔고, 결국은 승리의 깃발을 꽂을 수 있었다.

늘 긍정적으로 말하라

말이 씨가 된다는 말이 있다. 이는 함부로 말하지 말라는 의미이다. 말하는 대로의 현실이 주어진다는 것이다. 이 얼마나 무서운 일인가.

말이란 암시효과가 있다. 특히 어려움에 봉착했을 때는 더더욱 그러하다. 무너진 굴에서 살아난 사람이나 무너진 빌딩에서 살아남은 사람 등 최악의 상황을 견뎌내고 살아남은 사람들에게서는 한 가지 뚜렷한 공통점을 발견할 수 있다. 그것은 "나는 살 수 있다. 나는 반드시 살 수 있다."라고 계속해서 자신에게 말을 했다는 것이다.

이러한 암시효과는 자신의 내면에 깊숙이 투영되어 강한 에너지를 발생시키고 인간이 생각하는 것 이상의 능력, 즉 초능력을 발동시킨다고 한다. 이처럼 강력한 자기최면이 죽음도 두려워하지 않고 맞서게 하는 것이다.

말보다 강한 것은 없다. 한마디의 말은 지구를 순식간에 날려버릴 수도 있다. 세계적으로 빅 히트된 영화 〈인디아나 존스〉, 〈최후의 성전〉, 그리고 〈007 시리즈〉의 주연으로 유명한 할리우드의 영원한 스타 숀 코너리의 예를 보자.

그는 지독히도 가난한 유년시절을 보냈다. 공부도 제때 할 수 없었고, 먹는 것도 부실했다. 하지만 그는 현실을 부정하지 않고 주어진 일에 최선을 다했다. 노동으로 다져진 그의 근육질 몸은 그에게 영화배우가 될 기회를 제공해주었고, 그는 천금같이 찾아온 기회를 잘 살린 끝에 성공한 배우가 되었다.

숀 코너리는 "나는 나를 행복하게 할 수 있어. 나는 잘할 수 있어. 나는 내 인생의 화려한 주연이 될 거야." 하고 늘 긍정적인 말만 했다고 한다. 그렇게 자신을 존중하고 사랑하니 안 될 까닭이 없다. 성공한 인생들의 가장 큰 특징 중 하나는 자신을 사랑하고 존중했다는 것이다.

긍정적으로 열심히 살다 보면 숀 코너리의 경우처럼 기회는 반드시 오고야 만다. 기회가 찾아올 때 꽉 붙잡을 수 있도록 실력을 기르고 만반의 준비를 해야 한다. 기회는 그런 사람을 좋아하고, 그런 사람에게 찾아온다.

언제나 긍정적으로 행동하라

최고의 자기계발 동기부여가인 노만 V. 필 박사는 이렇게 말했다.

"희망으로 가득 찬 사람과 교류하라. 창조적이고 낙관적인 사람과 소통하라. 긍정적이고 능동적으로 행동하라. 그리고 그런 사람을 자신의 주변에 배치하라."

긍정적인 삶을 위한 아주 멋진 말이다. 이 말을 듣고 마음이 움직이지 않는다면 한 번쯤 자신을 돌아볼 필요가 있다. 그것은 생각의 회로가 잘못된 사람에게나 볼 수 있는 반응이니까 말이다.

남아프리카공화국 최초의 흑인 대통령 넬슨 만델라는 긍정의 힘으로 똘똘 뭉친 사람이다. 그는 소수의 백인들로부터 억압받는 동족을 위해 온 몸과 마음을 바쳐 독재정권과 맞서 싸웠다.

자유를 얻기 위한 길은 참으로 고통스럽고 많은 인내심을 요구했다. 가족과도 행복하게 지낼 수 없었고, 언제나 감시를 받으며 숨어 다녀야 했다. 먹는 것이나 입는 것 모두 보통 사람이 누리는 자유와 행복은 생각조차 할 수 없었다. 그는 자신이 거주하는 요하네스버그를 벗어나면 안 되었다. 그뿐만이 아니었다. 무려 27년 동안이나 감옥에서 보내야 했다.

생각해보라. 27년을 감옥에서 보낸다는 것을. 자유와 평화를 찾기 위한 것이 아니라면 이는 인간으로서는 도저히 할 수 없는 일이다.

그러나 그 또한 인간이기에 때론 눈물을 흘리기도 했고, 가족이 그리워 애간장이 타 들어가는 고통을 느껴야만 했다. 하지만 그는 초인적인 인내로 묵묵히 견디어냈다.

그가 최악의 상황에서도 견딜 수 있었던 것은 언제나 희망으로 가득 찬 사람과 교류하고, 창조적이고 낙관적인 사람과 소통했기 때문이다. 이러한 사람들과의 교류는 그를 긍정적이고 능동적으로 행동하게 했다. 그와 뜻을 같이했던 사람들은 모두 그와 같은 생각을 하고, 같은 꿈을 꾸고, 같이 행동했다.

결국 그는 온갖 고난을 이겨내고 자유와 평화를 쟁취해냈다. 그리고 국민들의 지지를 받으며 남아프리카공화국 최초의 흑인 대통령으로 당선되어 민주주의를 실현하는 데 큰 업적을 세웠다.

콘라드 힐튼, 숀 코너리, 넬슨 만델라와 같은 성공한 사람들은 기회가 자신에게 찾아와주길 기다리지 않았다. 자신이 무언가를 이루겠다는 목표를 세우면 자신들이 먼저 기회를 찾아갔다. 다시 말해 기회를 만들면서 실행해나갔다.

그러는 가운데 이들이 철저하게 원칙으로 삼았던 것이 바로 세 가지 긍정의 법칙이다. 이들은 삶의 낭떠러지에서도 긍정의 법칙을 작동시키며 끝까지 버텨냈던 것이다.

기회가 찾아오길 기다리면 이미 늦는다. 그 기회가 자신에게 오기 전에 다른 사람에게로 갈 수도 있는 것이니까.

인간은 무엇이든 할 수 있고, 자신에게 처한 그 어떤 환경도 극복할 수 있는 능력을 갖고 있다. 자신의 분야에서 나름대로 성과를 쌓고 성공한 사람들은 무엇에든 적응하고 무엇이든 해낸 끝에 이룬 결과이다.

미국의 교육자인 툴리 C. 놀즈는 말했다.

"인간이 위대한 것은 자기 자신과 환경을 뛰어넘어 꿈을 이뤄내는 능력에 있다."

대한민국의 30대들이여, 자신에게 주어진 능력을 발휘하여 인간의 위대함을 증명해 보이길, 그리하여 행복한 인생을 만들어나가기를……

Tip
Life Point

인간은 살아 있는 모든 것 중에 가장 뛰어난 존재이다. 상상력이 뛰어나고 창의적이며 도전적인 마인드를 갖고 있다. 인간은 어떤 환경도 뛰어넘을 수 있도록 진화한 하나님의 가장 위대한 창조물이다. 자신이 이루고 싶은 목표가 있다면 목표를 이룰 기회를 만들어라. 가령 빵이 먹고 싶다면 빵을 사다가 먹든지 아니면 만들어 먹어야 한다. 가만히 있는데 빵을 갖다 주는 사람은 없다. 기회가 찾아오길 앉아서 기다리는 것처럼 바보 같은 짓은 없다. 기회가 찾아오길 기다리면 이미 늦다. 나에게 올 성공의 기회를 누군가가 먼저 차지할 수 있다는 말이다. 30대여, 성공하고 싶은가? 성공하고 싶다면 적극적으로 밀고 나가라. 세 가지 긍정의 법칙을 자신의 원칙으로 삼아 철저하고 꾸준하게 그리고 끝까지 실천에 옮겨야 한다. '성공의 면류관'은 끝까지 하는 자가 차지하는 법이다.

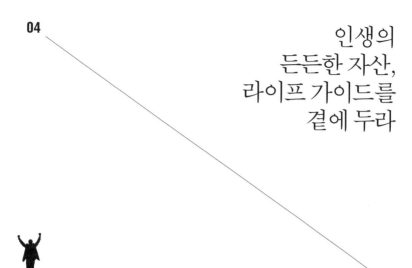

04

인생의 든든한 자산, 라이프 가이드를 곁에 두라

어떤 사람들에게서 간혹, 자신을 독불장군처럼 여기는 것을 종종 목격하게 된다. 하지만 이는 큰 착각일 뿐이다. 세상에 독불장군은 없다. 인간은 생물학적으로 혼자서는 절대로 존재할 수 없다. 혼자는 너무 외롭고 고독하다.

사람 숲에서도 사람이 그립다고 꽃 같은 연예인들이 목숨을 버리고, 산전수전 다 겪은 인생들 중에서도 혹독한 외로움을 견디지 못하고 세상과의 인연의 끈을 스스로 놓아버리는 이들이 있지 않은가. 그런데도 자신이 독불장군이라는 것은 지나친 오만이거나 허세일 뿐 아무것도 아니다.

사람은 혼자서는 너무도 나약한 존재다. 그러나 여럿이 머리를 맞대고 힘을 모으면 살아 있는 그 어떤 존재보다 강력하다. 함께하면 능력이 극대화되는 게 인간의 속성이기 때문이다.

존경하는 훌륭한 스승이나 친구, 멘토 등 좋은 사람을 자신 곁에 둔다는 것은 풍족한 돈을 갖고 있는 것보다도 든든한 일이다. 그들은 물질로도 살 수 없는 인생의 든든한 자산과도 같기 때문이다. 그래서 자신에게 힘이 되어줄 조언자를 곁에 두어야 한다.

빛나는 인격은 사람들에게 길을 보여준다

사람은 누구에게나 좋아하고 존경하는 인물이 있다. 존경하는 인물을 마음에 간직하는 것은 자신의 인생을 성공으로 이끌어낼 수 있는 강렬한 에너지를 품고 있는 것과 같다. 존경하는 인물은 대개가 성공적인 삶을 살았거나 살고 있는 사람들이기 때문이다.

존경하는 인물은 자신의 '미래의 성'을 활짝 열어주는 '라이프 키life key'와 같다. 여기서 라이프 키란 아직은 열어보지 못한 자신의 미래의 성을 열게 하는 데 결정적인 도움을 주는 대상을 말한다. 이에 대해 고대 그리스의 대표적인 철학자 에픽테토스는 다음과 같이 말했다.

"반짝이는 등대가 바다를 항해하는 배들에게 갈 길을 열어주는 것같이, 빛나는 인격은 사람들에게 살 길을 보여준다."

에픽테토스가 말하는 '빛나는 인격'은 곧 자신이 존경하는 인물을 말한다. 존경하는 인물은 인생의 조언자이자 나침반과 같아 어디로 가야할지 몰라 방황하는 이들에게 길을 제시해준다.

그런데 문제는 존경하는 인물을 가슴에 품고 있다고 해서 무조건 길을 제시해주는 것은 아니라는 점이다. 성공적인 삶을 살기를 원한다면 존경하는 이가 실행했던 것과 똑같이 행하는 열정과 노력이 뒤따라야 한다. 열정과 노력을 얼마만큼 들이느냐에 따라 그만큼의 성공적인 삶을 살 수 있는 것이다.

낭만주의 음악의 대표주자인 슈베르트. 그는 베토벤을 너무도 존경한 나머지 그와 똑같은 헤어스타일을 했고 음식도, 옷도 베토벤을 그대로 따라 했다. 그리고 젊은 나이에 죽음을 맞게 되자, 자신이 죽으면 베토벤 옆에 묻어달라는 유언을 남겼다.

여기서 베토벤을 향한 슈베르트의 강렬한 열정을 알 수 있다. 얼마나 존경했으면 베토벤의 모든 것을 그대로 닮고 싶었을까. 베토벤처럼 되고 싶었던 슈베르트는 그에 버금가는 음악가가 되었던 것이다.

또한 에디슨을 존경했던 헨리 포드는 열심히 노력한 끝에 최고의 자동차를 만들었고 이어서 포드 자동차회사를 설립하였다. 인류 역사 이래 최고의 물리학자로 칭송받는 아인슈타인은 뉴턴을 흠모하여 최선을 다한 끝에 최고의 과학자가 될 수 있었다.

존경하는 인물의 사상과 철학을 마음에 새겨라

내가 존경하는 인물은 내 인생의 미래다.

그러나 앞에서도 잠시 언급했듯이 존경하는 인물을 가슴에 품고 있다고 해서 그처럼 되는 것은 아니다. 존경하는 인물처럼 되고 싶다면 다음과 같이 실천하는 것이 중요하다.

첫째, 존경하는 인물의 사상과 철학을 마음에 새겨라.

존경하는 인물의 사상과 철학은 내 인생의 빌딩에 골조가 되어준다. 그 골조 위에 콘크리트를 쌓아 빌딩을 짓듯 자신의 사상과 철학을 채워 나가야 한다. 자신의 사상과 철학이 성립되면 그 어떤 시련의 강도 능히 건널 수 있고, 고난의 산도 얼마든지 넘을 수 있다.

그런데 어떤 30대들을 보면 위태로워 보일 때가 있다. 몸은 어른이지만 생각하는 것이나 행동하는 것을 보면 어린아이와 같다. 새끼 캥거루처럼 부모의 그늘 아래에서 벗어나는 것을 두려워한다.

취업이 안 돼 어쩔 수 없는 일이라고 말하는 젊은이들도 있다. 물론 이해가 간다. 하지만 문제는 그것이 지속되다 보면 의지력이 약해짐은 물론 스스로 해야 한다는 의지력의 결핍을 불러와 나중에는 자신에 대한 책임감마저 희미해지고 마는 것이다. 그리고 나아가 공부도 안 하고 취업을 위한 교육도 받지 않으려 하는 니트족으로 전락하고 만다.

이는 자신을 포기하는 것만큼이나 위험하다. 그래서 자신의 사상과 철학이 필요한 것이다. 자신의 사상과 철학이 갖춰진 사람은 최악의 순간에도 쉽게 자신을 내동댕이치듯 포기하지 않는다. 자신의 철학과 사상이 있고 없고는 앞으로의 인생을 결정짓는 바로미터가 된다. 자신의 인생을 원하는 대로 이끌어가고 싶다면 자신의 철학과 사상을 길러야 한다.

존경하는 인물의 생활 습관을 따라 하는 열정

다음으로, 존경하는 인물의 생활 습관을 스케치하고 물감을 칠하듯 실천하라.

자신이 존경하는 인물은 자신에게는 삶의 거울과 같다. 그가 성공적인 인물이 된 데에는 그만한 이유가 있다. 그는 자신이 원하는 꿈을 이루기 위해 철저하게 자신을 단련시켰다. 그것을 자신의 삶의 거울로 삼으라는 것이다. 즉 그가 실행에 옮겼던 것을 하나씩 하나씩 자신의 '인생 노트'에 적어 그대로 따라서 하는 열정이 있어야 한다.

성실하게 꾸준히 따라 하다 보면 자기만의 꿈을 이루는 방법을 발견하게 된다. 그리고 계속해서 실천해나가는 것이다. 그런 과정을 거치고 나면 자신도 모르는 사이에 자신이 원하는 것을 손에 쥐고 있다는 걸 발견하게 된다.

그 어느 것도 그냥 되는 것은 없다. 길가에 흔히 보이는 하찮은 들꽃도 비바람을 맞으며 끝까지 버텨낸 끝에 꽃을 피운 것이다. 비바람에 뿌리가 뽑혀 나갔다면 그저 말라비틀어진 잡초로 끝나고 말았을 것이다.

자신이 원하는 대로 사느냐 못 사느냐 하는 것은 오직 자신에게 달려 있다. 자신을 믿고 실천하라. 실천하는 대로 이루게 될 것이다.

존경하는 인물의 가치관을 마음에 새겨라

셋째는, 존경하는 인물의 삶의 가치관을 마음에 새겨야 한다.

대개 존경하는 인물은 이미 역사와 시대로부터 검증받은 성공한 인생이므로 훌륭한 인생 교과서가 된다. 양서를 많이 읽어야 하듯, 존경하는 인물의 삶은 우리에게 인생의 양서와 같다. 따라서 그의 가치관을 자기화해야 한다. 자기만의 가치관을 갖게 될 때 사회적으로도 의미 있는 인생이 될 수 있다.

역사는 흐르는 강물과 같다. 그 역사의 강물을 따라 수많은 사람들이 살다 갔다. 어느 시대든 앞서 살았던 성공한 인물이 있었다. 그의 삶을 따라서 살았던 사람 또한 그와 같이 성공한 인물이 되었다. 그리고 또다시 그의 삶은 후세의 누군가에게 삶의 거울이 되었다. 이와 같이 흐르고 흘러 오늘에 이른 것이다.

존경하는 인물처럼 확실한 라이프 가이드Life Guide는 없다. 자신이 미치도록 존경하는 인물이 있다면 미치도록 그를 따라서 하라.

만일 강렬한 불꽃을 불러일으킬 만한 인물이 없다면 지금도 늦지 않았다. 가슴을 뜨겁게 불태워 따라 하고 싶은 인생의 모델을 찾아보라. 찾다 보면 자신에게 잘 맞는 롤모델이 보이기 마련이다. 내가 존경하는 인물은 내 인생의 빛나는 미래임을 잊지 마라.

Tip
Life Point

존경하는 인물만큼 확실한 인생의 가이드는 없다. 그는 이미 성공적
인 삶을 살았고, 또한 살고 있어 그가 어떻게 해서 주목받는 인생이
되었는지를 잘 알 수 있기 때문이다. 자신이 이루고 싶은 것을 가장
확실하게 이룰 수 있는 비결은 자신이 존경하는 인물이 했던 대로 따
라서 해보는 것이다. 그러다 보면 그들의 생활습관이 몸에 밸 것이다.
좋은 습관은 값비싼 무형의 자산과도 같다. 또 나아가서는 그들도 미
처 경험해보지 못한 것을 통해 새로운 가치에 대해 발견하게 될 것이
다. 모든 창조는 모방에서 나오듯, 모든 성공적인 인생 또한 그들보다
앞서서 살았던 사람들의 모방에서 비롯된다. 자신이 닮고 싶은 사람
이 그랬던 것처럼, 미치도록 따라서 해보라. 그러다 보면 어느 순간
존경하는 인물처럼 변해 있는 자신을 발견하게 될 것이다.

상대를
존중하면
나는
존경을 받는다

"사람은 누구나 존중해주면 쉽게 다가갈 수 있다. 즉 어떤 능력에 대해서 존경심을 보여주면 당신의 말을 잘 듣게 될 것이다."

사무엘 바울 크레인이 한 말이다.

이 말은 존경심의 필요성에 대해 명료하게 보여준다. 상대와 친밀한 관계를 유지하고 싶다면 먼저 상대를 존중하는 자세가 필요하다. 누구나 자신을 존중해주는 사람에게 깊은 관심을 갖게 되고, 그를 존경하게 됨으로써 친밀한 인간관계를 이어갈 수 있기 때문이다.

상대를 존중하는 마음은 겸손한 마음에서 나온다. 겸손한 마음은 자신을 낮추는 마음이며 상대를 높이는 마음이다. 그래서 겸손한 사람은 어디를 가든, 누굴 만나든 좋은 이미지를 심어준다.

두 가지 예를 통해 상대를 존중하는 자세가 삶에서 얼마나 중요한지에 대해 생각해보자.

내가 좀 더 존중의 마음을 표했다면

내가 문예창작을 강의할 때의 일이다. 수강생들은 20대에서 60대까지 다양한 연령층을 가졌다. 그렇게 다양한 연령층이 모여 있어도 강의 시간은 언제나 유쾌했고 수강생들 사이에도 소통이 잘되었다. 나는 매 시간마다 순서를 정해 자신이 읽어 온 작품이나 자신이 습작한 작품을 읽게 했다. 그런데 어느 날 40대의 한 수강생이 자신의 순서가 아닌데도 습작품을 제출하였다.

"L씨는 다음 주에 발표하도록 하세요."

이렇게 말하며 나는 그녀의 작품을 돌려주었다. 내 말에 그녀의 표정이 약간 굳어지는 듯했다. 그날 이후 수료를 하는 2년 동안 두 번 다시는 그녀를 볼 수 없었다.

그때 나는 나의 신중치 못한 말에 깊이 반성하였다. 물론 내가 그렇게밖에 말할 수 없었던 것엔 그만한 이유가 있었다. 발표자가 세 명으로 고정되어 있어 그 원칙을 지키기 위해서였다. 하지만 내 방법이 틀렸던 것이다.

"저, 원칙은 매주 세 명이 발표해야 하는 것이지만 이번엔 특별히 발표 시간을 드리지요. 다음부터는 원칙을 지켜주십시오."라고 말했어야 마땅했다. 내가 좀 더 존중의 마음을 표했다면 그녀가 자존심을 상해 그만두는 일은 없었을 것이다.

칭찬은 상대를 존중하는 마음에서 시작되는 것

또 다른 이야기이다.

내가 사는 아파트 입구에 미용실이 새로 오픈하였다. 나는 50미터도 채 안 되는 가까운 거리에 미용실이 생겼다는 것에 귀가 솔깃하였다. 언제나 인근 동네로 가거나 시내로 나가야 했기 때문이다.

미용실이 생기고 나서 며칠 후 나는 머리를 깎으러 미용실로 갔다. 미용실 문을 열고 들어가자 30대 중반의 뚱뚱한 여자가 앉아 있었다.

"지금 머리 깎을 수 있습니까?"

"네, 이쪽으로 앉으세요."

주인은 내 말에 무표정한 얼굴로 대꾸했다. 대개는 "어서오세요!" 하고 손님을 맞는 것이 상식이다. 그런데 그 미용실 주인은 인사성이 없었다. 나는 주인의 불친절한 태도에 문득 '머리를 잘 못 깎으면 어떡하지?' 하는 생각이 들었다. 썩 마음에 내키지 않았지만, 어차피 깎을 머리니 깎아보기로 했다.

"어떻게 깎을까요?"

주인은 나를 흘끗 쳐다보면서 물었다.

나는 내 헤어스타일에 대해 말해주었다. 주인은 이내 머리를 깎기 시작했다. 그런데 뒷머리를 깎을 때 내가 한 말을 잊고 자기 멋대로 깎는 게 아닌가.

"저기, 잠깐만요."

"왜요?"

갑작스런 내 말에 주인은 조금 당황한 것 같았다.

"내가 얘기한 것과 다르잖아요."

"아닌데요. 말씀하신 대로 깎는 건데요."

주인은 당연하다는 식으로 말했다.

순간 나는 화가 치밀어 올랐지만 자제하고 차근차근 말했다. 그리고 더 이상 그렇게 깎지 말고 지금 상태에서 잘 어울리게 다듬어달라고만 했다. 그러자 주인은 못마땅한 표정으로 다시 머리를 깎기 시작했다. 다 깎고 나서 보니 썩 마음에 들지 않았지만 돈을 지불하고 나왔다. 역시 주인은 인사가 없었다.

집으로 돌아온 나는 거울부터 보았다. 마음엔 안 들었지만 나름대로 머리 손질을 하고 그렇게 지나갔다.

그로부터 3주 후 다시 미용실을 가야 하는데 망설여졌다. 먼젓번은 처음이니까 그럴 수 있겠구나, 했지만 두 번째는 달랐다. 그러자 고민이 되었다. 다른 데로 가자니 좀 멀리 나가야 하는데 미용실을 곁에 두고 그렇게까지 한다는 게 좀 그랬다. 이리저리 생각하던 나는 내가 좀 더 붙임성 있게 대해야겠다고 생각하고는 다시 그 미용실로 갔다.

역시나 주인 여자는 무표정한 얼굴로 고개만 까딱했다. 나는 원하는 헤어스타일에 대해 차근차근하게 말했다.

주인은 고개를 끄덕이더니 머리를 깎기 시작했다. 나는 중간 중간 짚어주었다. 주인은 별말 없이 내가 말하는 대로 따라주었다. 머리를 감고 나서 거울을 보니 먼젓번보단 훨씬 나았다.

"맘에 들게 잘 깎았는데요."

나는 웃으며 말했다.

"그러세요?"

주인은 짧게 대답했지만 내 칭찬에 기분이 좋은 듯했다. 나는 집으로 오면서 생각했다.

'칭찬을 하자. 칭찬하는 대로 내게 돌아올 거야.'

내 생각은 적중했다. 나는 조금만 마음에 들어도 엄지손가락을 치켜세우며 "굿!" 하고 말했다.

그러자 그녀는 문까지 따라 나오며 인사를 하는 게 아닌가.

"안녕히 가세요."

나는 웃어주고는 집으로 돌아왔다.

역시 칭찬의 효과는 대단했다. 무뚝뚝하고 무표정했던 사람이 칭찬 한마디에 친절하고 상냥한 사람이 되었던 것이다. 그후 4년 가까이 그녀에게 계속 머리를 깎고 있는데, 이제는 VIP 대접까지 받고 있다. 내가 그녀에게 칭찬을 하자 그녀의 태도가 180도 달라진 것이다.

칭찬하는 마음은 존중의 마음이다. 칭찬은 상대를 존중하는 마음에서 할 수 있는 것이다.

전자의 이야기는 내가 30대 후반에 겪었던 일이다. 그때만 해도 내 삶은 여러 모로 성숙하지 못했던 시기였다. 그렇다 보니 상대를 넓은 마음으로 대하는 데 부족함이 많았다. 나의 부족함이 한 수강생의 배움의 길을 가로막았던 것이다.

후자의 이야기는 50대에 갓 들어서고 겪었던 일이다. 이때는 하늘의 뜻을 안다는 지천명에 들고 보니 사람을 대하는 자세나 삶을 관조하는 깊이가 한층 성숙해졌다. 그러니 상대가 못나게 굴고 마땅찮아도 이해하고 받아들이게 되었던 것이다.

인생은 공짜가 없다. 깊어지는 연륜만큼 생각도 깊어지고 행동도 유유해진다.

내가 만나는 모든 사람에게 배울 점이 있다

탁월한 자기계발 동기부여가인 데일 카네기는 말했다.

"대인관계의 명수들에겐 한 가지 공통점이 있다. 그들은 하나같이 상대방의 자존심을 세워줄 줄 안다는 것이다."

카네기의 말은 인간관계에서 상대의 자존심을 세워준다는 것이 얼마나 중요한 것인지를 잘 알게 해준다. 자존심을 세워준다는 것은 상대를 존중하는 것과 같다.

훌륭한 대통령의 대명사인 에이브러햄 링컨은 자신의 구두를 직접 닦을 만큼 소탈하고 겸손했다. 그는 참모들에게도 먼저 인사를 하고 상대방을 높여주었다.

포드 자동차 창업주인 헨리 포드는 직원들의 이름을 일일이 기억하고 불러주었다고 한다. 자신들을 한 가족처럼 대해주는 포드의 인격에 반한 직원들은 몸을 아끼지 않고 일한 끝에 세계 최고의 자동차 회사를 일구어냈다.

영국의 수상을 지낸 맥밀란은 만나는 사람마다 먼저 인사를 건네고 평소에 전차를 타고 다녔다고 한다. 그는 겸손하고 검소한 생활로 영국 국민들의 존경을 한 몸에 받았다.

미국의 26대 대통령을 지낸 시어도어 루스벨트는 만나는 사람 누구에게나 친절하고 자상했다. 친근감 넘치고 인간성 좋은 대통령을 존경하지 않을 국민은 없다.

데일 카네기가 말했듯 이들은 하나같이 상대방의 자존심을 세워줄 줄 알았던 것이다. 사람은 자신의 자존심을 세워주는 사람들에게 존경심을 갖는다. 자존심을 세워주면 자신을 존중한다고 여기기 때문이다.

미국의 시인이자 사상가인 랠프 월도 에머슨은 말했다.

"내가 만나는 모든 사람은 어떤 면에서는 나보다 우월하고 매력적이다. 그런 점에서 나는 그들로부터 배우는 것이다."

에머슨이 미국 국민들로부터 존경받았던 것은 그의 말대로 자신이 만나는 사람들이 자신보다 우월하다고 여겨 존중하는 마음으로 대했기 때문이다.

상대를 존중히면 나는 존경을 받는다. 이것이 존중과 존경의 순환의 법칙이다. 또한 존중은 아름다운 품격이다. 자신의 인생을 풍요롭게 가꾸고 싶다면 상대를 존중하라.

Tip
Life Point

상대를 존중하는 사람이 그렇지 않은 사람보다 잘 살아간다. 존중함으로써 자신은 존경받기 때문이다. 존경을 받다 보면 늘 좋은 말과 긍정적인 말을 듣게 된다. 이런 말들은 생산적인 에너지를 품고 있어 긍정적으로 자신에게 돌아온다. 그러나 비방은 서로를 죽이는 일이다. 비방 속엔 날카로운 칼보다도 무서운 위험이 도사리고 있다. 이를 조심해야 한다. 지금 우리 사회는 서로 공격하고 비방하는 일에 익숙한 사람들로 연일 매스컴이 뜨겁다. 서로 존중할 줄 모르고 오직 비방하는 일에만 열심이다. 이런 상황에서 진정한 소통이란 없다. 우리 사회가 성숙한 사회가 되기 위해서는 서로를 존중하고 존경해야 한다. 그렇게 될 때 지금보다 나은 선진사회가 펼쳐지게 될 것이다.

첫인상은
나를 심는
마스터키다

이미지는 인간관계에서 매우 중요하다. 특히 첫인상은 그 사람의 전부를 가늠할 만큼 강력하다. 사람과의 만남에서 첫인상이 미치는 영향이 절대적이기 때문이다.

사람들의 첫인상은 짧게는 5초, 길어도 20초면 결정 난다. 이 짧은 시간 동안에 '저 사람은 사귀어도 괜찮겠어', '저 사람은 가까이 안 하는 게 좋겠어' 라고 생각하게 된다.

"저 사람이 인상이 너무 좋더라고. 한 마디로 처음 본 순간 뿅 갔지요."

"이 사람은 첫인상이 별로였어요. 그런데 만날수록 새로운 느낌이 들더군요. 그게 나로 하여금 이 사람을 선택하게 했지요."

사람들은 누구나 이런 말을 종종 한다. 그러고 보면 첫인상이 사람과의 관계에 미치는 영향이 크다는 것을 알 수 있다.

자신만의 이미지 연출이 가져다주는 것

존 F. 케네디와 닉슨이 35대 대통령 선거를 치를 때의 일이다. 당시 대통령이었던 아이젠하워는 공화당 후보인 닉슨을 적극 지원하였다.

닉슨은 부통령으로 8년 동안이나 지내왔던 터라 정치 경험이 풍부하고 국제 무대에도 친숙한 사람이었다. 그에 비해 존 F. 케네디는 민주당 후보로, 국제적으로도 국내적으로도 영향력이 현저히 낮았다. 단지 나은 게 있다면 명문가인 케네디 가문이라는 것뿐.

그런데 그 많은 핸디캡에도 불구하고 케네디가 국민들에게 자신을 알릴 수 있었던 것은 텔레비전에 출연해서 벌인 정책토론회에서였다.

"텔레비전 토론회, 그까짓 것 아무것도 아니야. 나에게는 식은 죽 먹기지."

닉슨은 텔레비전 정책토론회를 가볍게 여기고 원고를 대충 훑어보았을 뿐이었다.

반면 케네디는 비밀을 유지한 채 철저하게 대비하였다. 케네디가 얼마나 치밀했던지 말의 속도, 억양, 몸동작, 손의 위치 등 놓치기 쉬운 작은 것 하나까지도 세심하게 챙겨 연습에 연습을 거듭하였다.

"이것만이 내가 닉슨을 이길 수 있는 유일한 방법이다."

케네디는 동생 에드워드 케네디에게 이렇게 말했다.

"아주 좋은 생각이야. 나는 형이 반드시 이길 거라고 확신해."

동생 에드워드 케네디는 형에게 용기를 심어주었다.

마침내 방송에 출연해 정책토론이 벌어졌다. 수많은 눈이 그들을 주시하고 있었지만, 케네디는 전혀 떨리는 기색이라곤 없었다. 오히려 즐기고 있었다. 자신이 연습한 대로 여유로운 몸짓과 세련된 말투, 게다가 깔끔한 의상과 핸섬한 외모는 그를 한층 더 돋보이게 했다.

그러나 닉슨은 달랐다. 조금은 덜 세련된 외모와 말투, 딱딱한 자세와 부자연스러운 모습은 보는 이들의 마음을 답답하게 했다.

"오우, 케네디 저 사람, 되게 말 잘한다! 세련된 저 멋진 포즈는 또 어떻고. 나는 케네디로 결정했어."

케네디를 보고 한눈에 반한 미국 국민들은 하나같이 이렇게 말하며 그에게 갖는 기대가 대단했다. 텔레비전 정책 대결에서 완승한 케네디는 순식간에 미국의 '새로운 희망'으로 떠올랐다.

드디어 선거가 실시되었다. 그리고 선거 결과가 발표되었다.

"제35대 대통령은 민주당 후보인 존 F. 케네디로 결정되었습니다."

선거관리위원장의 말에 미국 전역이 들썩였다.

케네디는 열악한 조건에서도 자신만의 색깔 있는 이미지 연출로 당당하게 대통령에 당선되었던 것이다.

이미지가 주는 효과는 기대 이상이다

어떤 여자가 있었다. 그녀는 결혼할 생각도 안 하고 시간이 날 때마다 송아지만 한 도베르만을 끌고 다니며 시간을 보냈다.

"아이고 저 화상. 가라는 시집은 안 가고 사내처럼 개는 왜 죽자 살자 끌고 다니는지. 저러니까 남자가 안 붙지."

어머니가 성화를 부려대도 그녀는 눈 하나 깜짝 안 했다.

그러던 어느 날 그녀가 달라지기 시작했다. 청바지에 티 쪼가리만 걸치던 그녀가 스커트를 입는가 하면 화장도 곱게 하는 등 지금과는 사뭇 달랐다. 가족들은 내일은 해가 서쪽에서 뜨겠군, 하는 눈으로 바라보았다.

그녀에게 남자가 생긴 것이다. 개를 끌고 가다 인연이 되었는데 그녀가 그토록 바라던 이상형이었다. 그녀는 두근거리는 가슴으로 남자의 데이트 요청을 받아들였다. 그리고 열애 끝에 드디어 노처녀 이름을 떼고 대한민국 주부로 등극하였다.

케네디나 위의 여자의 경우에서 보듯 이미지는 매우 중요하다. 특히 널리 알려지지 않은 사람에겐 더더욱 그러하다. 이미지가 주는 효과는 기대 이상이다.

기업의 마케팅을 좌우하는 것도 이미지이다. 또한 총선이나 대선에서도 이미지 기법은 매우 중요하다. 그만큼 이미지가 미치는 영향이 절대적이기 때문이다.

현대는 이미지 전쟁이라고 할 만큼 이미지는 중요하다.

특히 30대는 대학을 졸업하고 사회에 진출하는 시기이고, 좀 더 빨리 사회에 진출한 30대들도 새로운 환경에서 많은 사람들을 만난다. 30대가 만나는 사람들은 대개가 먼저 직장생활을 시작한 인생의 선배들이 대부분이다. 이들과 좋은 관계를 유지하고 싶다면 좋은 이미지를 심어주어야 한다. 자칫 나쁜 이미지를 심어주면 직장생활하는 내내 고달파질 수 있다. 이미지는 그만큼 중요하다.

타인에게 좋은 이미지를 심어주는 5가지 실천 방법

좋은 이미지를 심어주기 위해서는 어떻게 해야 할까.

첫째, 보는 사람 누구에게나 먼저 웃으며 인사하라.

사람은 누구나 먼저 웃으며 다가오는 사람을 밀쳐내는 법은 없다. 오히려 그 반대다. "그 사람 참 인사성이 밝아. 그 사람을 보면 기분이 좋아진다니까"라고 하거나, "그 사람 웃음이 너무 괜찮아. 마치 향기로운 꽃을 보는 느낌이야"라고 말한다. 그러니 먼저 웃으며 인사하는 습관을 들여라.

둘째, 궂은일을 마다하지 마라.

직장생활을 하다 보면 이런저런 잡다한 일이 일어난다. 이때 자신이 먼저 나서서 그 일을 해보라. 사람은 귀찮은 일이거나 하기 힘든 일이거나 구질구질한 일은 꺼리는 경향이 있다. 이때 먼저 나서서 그 일을 한다면 십중팔구는 "야, 저 친구 보기와는 완전 딴판인데? 참 괜찮은 친구가 들어왔구먼" 하고 말하거나 "몸을 사리지 않는 걸 보면 무슨 일을 맡겨도 잘해낼 거야. 무척 기대가 되는 친구야" 하고 말할 것이다. 궂은일이나 꺼리는 일엔 적극 나서라. 좋은 이미지를 심어주게 될 것이다.

셋째, 겸허하게 말하고 행동하라.

직장생활하는 데 있어 가장 문제가 되는 게 버릇없는 말과 행동이다. 요즘 30대는 인성에 있어 문제점이 많다. 직장 상사나 선배에게 예의를 차리는 일에 미숙하다. 자신이 싫으면 대놓고 싫다고 말하고 행동한다. 이런 말과 행동은 스스로 자기 골대에 골을 넣는 것과 같다. 사람은 누구나 자신에게 고분고분하고 예의바른 사람에게 관심을 갖고 좋아한다. 겸허한 말과 행동은 좋은 이미지를 심어주는 열쇠이다.

넷째, 먼저 양보하고 배려하라.

직장생활을 하다 보면 당직을 대신 서야 할 때가 있다. 이럴 때 먼저 나서서 대신 당직을 바꾸어주면 당직자는 그 사람에 대해 좋은 감정을 갖게 된다. 그리고 이 사람 저 사람에게 "그 사람, 참 괜찮은데 앞으로 많이 도와줘야겠어" 하고 좋게 말한다. 남이 자신을 홍보해주는 것은 참 유쾌하고 기분 좋은 일이다. 먼저 양보하고 배려하면 자다가도 돈이 생기는 법이다.

다섯째, 언제나 공부하는 모습을 보여라.

책을 읽고 공부하는 모습은 특히 상사들에게 좋은 이미지를 심어준다. 상사들은 실력 좋은 부하직원이 자신 곁에 있다는 것에 대해 든든하게 생각한다. 더구나 실적을 요하는 직장이라면 더하다. 물건을 못 파는 직원보다 물건을 잘 파는 직원을 좋아한다. 그래서 그를 먼저 승진 대상에 올린다.

"그 친구 말이야, 언제 봐도 항상 책을 끼고 살아. 내게 그런 직원이 있다는 건 내 복이야. 암, 복이고말고."

직장 상사한테 이런 소릴 듣는 직원은 앞길이 훤히 뚫린 고속도로와도 같다. 항상 공부하는 모습을 심어주어라.

이미지를 좋게 하는 5가지 방법에 대해 알아보았다. 이대로만 실천한다면 누구에게나 좋은 이미지를 심어주게 될 것이다. 좋은 이미지는 자신의 뛰어난 실력을 보여주는 것보다도 효과적이다.

자신이 원하는 것을 얻기 위해서는, 자신의 개성을 부각시키는 이미지 연출에 최선을 다하라.

이미지는 '나'를 키우는 강력한 힘이다.

Tip
Life Point

첫인상이 그 사람에게 미치는 영향은 아주 절대적이다. 사람들은 대개 이렇게 말한다.

"그 사람에게 끌린 이유는 바로 첫인상 때문이었지요."

이는 사람에게 첫인상이 미치는 영향이 얼마나 큰지를 함축적으로 말해준다. 인간관계에 있어 남녀관계든, 기업과 소비자 간이든, 스승과 제자 사이든 이미지는 매우 중요하게 작용한다.

지금은 이미지 경쟁 시대다. 스마트폰, 트위터, 페이스북, 인터넷 등 다양한 매체로 인해 개인의 이미지를 얼마든지 부각시킬 수 있다. 어떤 여성은 몸짱으로 뜨기도 하고, 어떤 소년은 기타 연주로 하루아침에 영재로 부각되었다. 자신이 원하는 것을 얻고 싶다면 이미지를 적극 활용하라. 이미지는 소통이다.

07

상대를
끌어당기는
소통의 법칙

상대를 높여주는 것은 진실로 아름다운 행위이다.

사람들 중엔 상대를 높여주는 일에 매우 인색한 사람들이 있다. 상대를 높여주는 데는 돈도 들지 않고, 명예가 손상되지도 않는다. 그런데도 이상하게 남을 높여주는 일에 인색하다.

듣기 좋은 말을 아낄 필요는 없다

"이거 참 멋진 그림이군요. 이처럼 멋진 그림을 직접 그렸다니 참 대단하십니다."

"당신 노래는 정말 좋군요. 특히 당신의 목소리는 너무 감미로워 나도 모르게 눈을 감고 깊이 몰입하게 됩니다."

"음식 솜씨가 보통이 아니시군요. 이처럼 좋은 솜씨를 갖고 있으니 남편분이 참 행복하시겠군요."

이 세 가지 유형의 말을 당신은 어떻게 생각하는가? 낯간지럽다고 생각하는지, 아니면 참 듣기 좋다는 생각이 드는지 묻고 싶다.

이에 대해 두 가지 대답이 나올 것이다. 첫째는 "나는 낯간지러워서 그런 말은 죽어도 못해"라고 말하는 쪽과 "듣기 좋은 말은 자주 하는 게 좋아. 듣는 사람도 좋고, 하는 사람도 좋고"라고 말하는 쪽이다.

그대는 어느 쪽인가? 전자인가 후자인가? 그동안 만났던 사람들의 반응을 보면 낯간지러워서 이런 말을 잘 못한다는 사람들이 의외로 많았다. 가만히 그 원인을 살펴보니 그건 평소의 습관에 있었다. 어렸을 때부터 남을 높여주는 말에 길들여지지 않았던 것이다. 즉 습관의 문제가 크다는 거다. 그렇다면 이제부터라도 낯간지러움은 떨쳐버려라.

사람의 마음을 움직이는 힘은 무엇인가

앤드류 카네기는 천성적으로 탁월한 소통 능력을 타고난 사람이다. 그가 어린 시절 어떠했는지를 잘 알게 해주는 이야기를 보자.

카네기가 기르던 토끼가 여러 마리의 새끼를 낳았다. 그러자 먹이가 부족했다. 그런데 이때 카네기의 머리가 번쩍 하며 빛났다. 그것은 친구들에게 먹이 구하는 일을 맡기는 것이었다.

"얘들아, 우리 집에 아기 토끼가 참 많단다. 우리 같이 토끼를 키우지 않을래?"

친구를 모아놓고 카네기가 말했다.

"어떻게 같이 길러? 우리 토끼도 아닌데?"

친구가 입을 실룩대며 말했다.

"너희가 풀을 뜯어다 주는 거야. 그러면 내가 토끼에게 너희 이름을 붙여주면 되잖아."

카네기가 웃으며 말했다.

"맞다. 그러면 되겠다. 내가 풀을 뜯어준 토끼는 내 이름을 따 제임스라고 하면 되고, 네가 따다 준 토끼는 지미라고 하면 되잖아."

한 친구가 으스대며 말했다.

"그렇지. 바로 그거야."

카네기의 말에 아이들은 저마다 풀을 뜯어다 주었다. 그 덕분에 토끼는 무럭무럭 잘 자랐다.

카네기는 상대방의 기분을 좋게 하고 마음을 사는 일에 아주 탁월했다. 이런 카네기의 처세술은 어른이 되어 더욱 빛을 발했다.

그는 사람들의 마음을 사는 일에 아주 능숙해서 그의 말 한마디면 사람들이 그에게 빠져들었다. 그가 사람들의 마음을 사는 비결을 몇 가지 보자.

"오바마 씨, 당신은 오늘 더욱 멋지군요. 멋진 당신을 보니 기분이 참 좋군요."

"카터 씨, 나는 당신의 능력이 뛰어난 줄 알았지만, 오늘은 더 실감이 나는데요."

"매갠 씨, 이 일은 당신이 최적이라는 생각이 드는군요. 당신이라면 누구보다도 이 일을 훌륭하게 해낼 겁니다."

자, 이런 말을 듣고 기분 좋아하지 않을 사람은 없을 것이다.

카네기는 매사에 이런 식으로 상대방의 기분을 높여주었고, 기분이 좋아진 그들은 하나같이 자신의 일처럼 최선을 다했다. 그 결과 그의 회사는 날로 성장했고, 세계 최고의 철강 회사가 될 수 있었다.

사람들과 소통하기 위해서는 오픈마인드를 가져라

특히 30대는 직장에 입사하여 한창 일을 배우는 시기이고, 또는 일을 어느 정도 익혀 일하는 즐거움에 푹 빠져 지낼 시기이다. 이럴 때 유쾌한 직장생활을 하기 위해서는 직장 상사와 부하직원, 동료직원 간에 원활한 소통이 이루어져야 한다. 그러기 위해서는 오픈마인드를 갖는 것이 무엇보다 중요하다. 오픈마인드는 내가 먼저 마음을 열고 상대에게 다가가는 것을 말하는데, 이런 적극적인 자세가 원활한 소통을 하게 한다.

직장인들은 가족보다 회사 동료와 함께하는 시간이 더 많다. 그런데 껄끄러운 관계에 놓이게 되면 서로가 불편해져, 즐겁고 만족스러운 직장생활을 할 수 없다. 직장생활이 즐겁지 않으면 일의 능률은 고사하고, 하루라도 빨리 직장을 벗어나고 싶은 마음에 사로잡힌다.

즐거운 직장생활을 하기 위해서는 친밀감 넘치는 동료애가 필요하다. 친밀감 넘치는 동료애를 갖기 위해서는 진정성 있게 소통해야 한다. 진정한 소통은 마음의 교감에서 시작된다.

진정한 소통을 가능하게 하는 비결

진정성 있는 소통을 하기 위해서는 어떻게 해야 할까?

첫째, 배려하는 마음을 보여라. 배려는 상대에 대한 따뜻한 이해에서 비롯되는데, 배려하는 마음을 보이면 상대방 또한 자신을 배려하는 사람에게 깊은 관심을 보이게 됨으로써 원만한 관계를 유지할 수 있다.

둘째, 친절하게 행동하라. 친절한 행동은 상대를 기분 좋게 하고, 좋은 이미지를 심어준다. 친절한 행동은 사람과 사람 사이를 부드럽게 이어주는 가교이다. 친절한 사람이 어딜 가든 환영을 받는 것은 친절한 사람은 막힘이 없고 상대방을 기분 좋게 해주기 때문이다. 친절한 행동은 상대에게 자신을 깊이 각인시키는 가장 효과적인 소통법이다.

셋째, 절대 비평하지 마라. 사람에겐 동물적 심리(맹수적 본능)가 있어 자신이 비평을 받는다고 생각하면 곧바로 반격에 들어간다. 이에 대해 탁월한 자기계발 전문가인 데일 카네기는 "비평은 무익한 것이다. 그것은 사람을 방어하도록 만든다. 그리고 그가 스스로를 합리화하도록 만든다. 그래서 비평은 위험한 것이다. 왜냐하면 그것은 사람의 자존감을 상하게 하고, 감정을 해치고, 분개심을 일으키기 때문이다"라고 말했다. 카네기의 말에서 보듯 비평은 사람과 사람 사이를 단절시키는 치명적인 소통 불능을 가져오므로, 그 어떤 비평도 절대 삼가야 한다.

넷째, 상대방을 지배하려 하지 마라. 정신분석학자 프로이트는 인간에겐 공통적인 소원이 있는데 그것은 "위대한 사람이 되려는 욕망desire to be great"이라고 말했다. 또 탁월한 철학자인 존 듀이는 그것을 "사회적으로 중요한 인물이 되려는 욕망desire to be important"이라고 했다. 이렇듯 인간은 누구나 자신을 중요한 존재라고 여긴다. 그런데 상대방을 지배하려고 한다면 크나큰 모순이 아닐 수 없다. 이를 항상 경계하고 상대방을 높여주는 아량과 센스를 가져야 한다.

다섯째, 내가 먼저 다가가라. 원활한 소통을 위해서는 상대방이 다가오기를 바라지 말고 내가 먼저 다가가야 한다. 먼저 다가가면 상대방은 자신이 상대로부터 관심을 받는다고 생각한다. 사람은 누구나 타인으로부터 인정받고 싶어 한다. 그 이유는 인간의 내면엔 본능적으로 자신의 능력을 자랑하고 싶어 하는 마음이 잠재되어 있기 때문이다. 그래서 사람은 그 누구라도 자신이 관심을 받고 있다고 여기면, 자신 역시 상대에게 깊은 관심을 보이는 것이다.

여섯째, 인격적으로 대하라. 직장생활을 하다 보면 함부로 말하는 상사나 선배들이 있다. 가령 "야, 이거 오늘 퇴근시간 전까지 책임지고 마무리해! 알았어?"라고 말했다 하자. 그 말을 들은 직원은 벌레 씹은 기분이 된다. 겉으로는 말을 안 해도 속으로는 '사람 알기를 개떡으로 아는군. 어디 두고 보자' 하고 이를 박박 갈아댈 것이다. 한마디 말엔 그 사람의 인격이 들어 있다. 함부로 말하는 것은 자신의 인격을 떨어뜨리고, 상대방의 마음을 불쾌하게 하는 치명적인 일이라는 걸 잊지 말아야 한다.

일곱째, 어려운 일은 내 일처럼 도와주어라. 직장생활을 하다 보면 뜻하지 않는 어려운 일에 봉착할 때가 있다. 이럴 때 동료가 도와주면 큰 힘이 된다. 그래서 자신을 도와준 동료를 매우 고맙게 여기게 되고, 자신을 도와준 동료가 어려운 일을 만날 땐 그 또한 자신의 일처럼 도와주게 된다.

이상 7가지의 진정성 있는 소통 법칙을 잘 적용한다면, 누구나 소통의 귀재가 되어 즐거운 직장생활을 하게 될 것이다.

즐거운 직장들을 보면 그 구성원 간에 동료의식이 강하다. 동료의식은 논리적으로나 이성적 잣대로 평가하기 힘든 묘한 것이다. 동료의식 속에는 말로 표현할 수 없는 끈끈한 그 무엇이 있다. 그 끈끈함이 직장 동료들 사이에 친밀감을 갖게 하고 강한 동질감을 형성하여 어려운 일에도 발 벗고 나서서 도와주게 하는 힘을 발휘한다.

즐거운 소통이 되도록 노력하라. 즐거운 소통은 모두를 유쾌하게 하고 행복하게 함을 잊지 말아야겠다.

상대의 마음과 소통하라, 그것이 원만한 대인관계로 이어진다

다음은 하버드 대학 교수인 윌리엄 유리의 '상대와의 소통을 유리하게 이끄는 8가지 방법'이다.

첫째, 의구심으로 상대방의 의도를 추측하지 말아야 한다.
둘째, 서로의 사고방식에 대해 상의해야 한다.
셋째, 자신의 문제를 상대방 탓으로 돌리지 말아야 한다.
넷째, 상대방의 체면을 깎아내리지 말아야 한다.
다섯째, 상대방에게 자신의 감정을 발산하는 기회를 주어야 한다.

여섯째, 상대방의 말을 적극적으로 듣고 친절한 태도를 보여야 한다.

일곱째, 상대방이 이해할 수 있도록 말해야 한다.

여덟째, 상대방이 아니라 문제에 대해 맞서야 한다.

윌리엄 유리가 제시하는 8가지 소통법만 몸에 확실히 익힐 수 있다면 상대방의 마음을 사는 일은 어렵지 않을 것이다.

우리 주변에서 보면 실력이 출중한 사람 가운데 직장생활에 적응을 하지 못하고 그만두는 경우를 종종 보게 된다. 그런데 그 원인이 놀랍게도 직장 상사와 동료 사이에 소통이 원활하지 못해서이다.

소통은 대인관계에 있어 그 어떤 조건보다도 중요하다. 소통은 인간관계의 동맥과도 같다. 동맥이 막히면 뇌졸중이나 심근경색으로 목숨이 위태롭듯 타인과의 소통이 막히면 삶의 심근경색으로 불행한 인생이 될 수 있음을 유념해야 할 것이다.

소통을 잘하고 행복한 삶을 살고 싶다면 자신의 생각을 조금만 바꾸면 된다. 물론 자신의 생각을 바꾸지 않는 한 어려운 일이 될 수도 있지만, 마음만 먹으면 식은 죽 먹기보다도 쉬운 일이다.

인간관계에서 좋은 결과를 낳고 싶은가? 그렇다면 상대의 마음을 사는 일에 열중하라. 상대의 마음을 사는 일처럼 바람직한 소통은 없다.

Tip
Life Point

인간관계에서 소통은 매우 중요하다. 그것은 마치 삶의 동맥과 같다. 혈관이 막히면 뇌졸중이나 심근경색으로 생명이 위독하듯, 타인과 소통이 이루어지지 않으면 삶이 불행해질 수도 있기 때문이다. 상대방이 자신에게 관심을 갖고 소통하기를 원한다면 먼저 상대방의 마음을 사라. 돈 들이지 않고 쉽게 상대의 마음을 사는 방법은 상대의 기분을 맞춰주는 것이다.

"오늘은 내가 본 당신의 모습 중 가장 멋지군요."

"나는 당신을 보면 언제나 기분이 좋습니다. 당신은 사람을 기분 좋게 하는 매력이 출중하군요."

이런 한마디 말이면 충분히 상대를 자기에게 맞출 수 있다. 사람은 누구나 자신의 기분을 살려주는 이에게 관심을 갖는다. 상대를 기분 좋게 하고, 친절히 대하고, 먼저 배려하고 다가가라. 그것이 소통을 원활하게 하는 최적의 비법이다.

01 미래에 있어서의 사랑이란 없다. 사랑이란 오직 현재에 필요한 것이다. 현재에 사랑을 보지 못하는 사람은 사랑이 없는 사람이다.

−톨스토이

02 사랑은 봄에 피는 꽃과 같다. 온갖 것에 희망을 품게 하고 향기로운 향내를 풍기게 한다. 때문에 사랑은 향기조차 없는 메마른 폐허나 오막살이 집일지라도 희망을 품게 하고 향기로운 향기를 풍기게 하는 것이다.

−플로베르

03 대개 행복하게 지내는 사람은 노력가이다. 게으름뱅이가 행복하게 사는 것을 보았는가. 노력의 결과로서 오는 어떤 성과의 기쁨 없이는 누구나 참된 행복은 누릴 수 없기 때문이다. 수확의 기쁨은 그 흘린 땀에 정비례하는 것이다.

−블레이크

04 이 세상의 참다운 행복은 남에게서 받는 것이 아니라 내가 남에게 주는 것이다. 그것이 물질적인 것이든 정신적인 것이든 인간에게 있어서 가장 아름다운 행동이기 때문이다.

−아나톨 프랑스

05 만족한 마음을 가질 수 없는 사람에겐 결코 만족한 생활이란 있을 수 없다.

−묵자

06 남을 복되게 하면 자신은 한층 더 행복해진다.

-글라임

07 목표가 있어도 머뭇거리면 아무것도 얻을 수 없다. 목표가 주어지면 실천해야 그 어떤 것이든 취할 수 있는 것이다.

-토머스 J. 빌로드

08 승자와 패자를 가르는 단 한 가지는 승자는 실행하는 사람이라는 것이다.

-앤서니 로빈스

09 무엇이든 꿈꿀 수 있다면 그것을 실행하는 것 역시 가능하다.

-월트 디즈니

10 어떤 일이 잘되길 바란다면 그것을 직접 하라.

-나폴레옹

11 꿈을 향해 담대하게 나아가라. 자신이 상상하는 대로 그 삶을 살아라.

-헨리 데이비드 소로

12 인생을 바꾸려면 지금 당장 시작하여 눈부시게 실행하라. 결코 예외는 없다.

-윌리엄 제임스

13 성공이 당신에게 오는 것이 아니라 당신이 성공을 향해 가는 것이다.

–마르바 콜린스

14 시작하기 전부터 성공을 예측하라. 승자라면 어떤 게임을 하든 성공할 것이라는 기대를 갖고 시작한다.

–데니스 웨이틀리

15 가장 중요한 사실은 당신이 할 수 있다는 것을 아는 것이다.

–로버트 앨런

16 나는 우연히 성공한 것이 아니라 꾸준한 노력으로 성공한 것이다.

–어니스트 헤밍웨이

17 돌이켜보면 나의 생애는 일곱 번 넘어지고 여덟 번 일어났던 것이다.

–프랭클린 루스벨트

18 성공하는 사람들은 쉼 없이 움직인다. 실수를 저지르기도 하지만 결코 포기하지 않는다.

–콘라드 힐튼

19 자신이 좋아하는 일을 하라. 그러면 성공은 자연히 이루어진다.

–워렌 버핏

20 누구나 중요한 사람이 되고 싶은 열망을 가지고 있다. 자신이 중요한 사람이 되고 싶다면 자신이 닮고 싶은 성공한 인생을 벤치마킹하라. 그것처럼 확실한 교과서는 없다.

-김옥림

21 길이 없으면 길을 찾고 찾아도 없으면 길을 만들며 나가면 된다.

-정주영

22 나는 성공에 대해 일찍 깨달았다. 성공의 비법은 포기하지 않고 끝까지 추구하는 것이다.

-해리슨 포드

23 어느 분야에서든 성공한 사람들은 모두 하나같이 쉬지 않고 부지런히 자신이 뜻하는 바를 향해 걸어갔던 사람들이다.

-노만 V. 필

24 꿈꿔라, 꿈꿀 수 있는 것은 무엇이든 이룰 수 있다.

-괴테

25 스티븐 스필버그는 열두 살 때부터 자신이 아카데미 시상식에 참석해서 상을 타고 관객들에게 감사의 말을 전하는 광경을 간절하게 상상했다. 그가 그 광경을 너무도 생생하게 꿈꾸고 말했으므로 우리는 그의 소망을 잘 알고 있었다.

-짐 솔린버거

26 우리들의 중요한 임무는 멀리 있는 것이 아니라, 희미한 것을 보는 것이 아니라, 가까이 있는 분명한 것을 실천하는 것이다.

-토머스 칼라일

27 자신에게 가장 훌륭한 스승은 자기 자신이다. 자신이야말로 자신을 가장 잘 알고 있고, 자신만큼 자신을 격려하고 존중해주는 스승은 없다.

-탈무드

28 할 수 있다는 믿음을 가지면 그런 능력이 없을지라도 결국에는 할 수 있는 능력을 갖게 된다.

-간디

29 아이디어는 다이아몬드와 같다. 세공 과정을 거치지 않으면 더러운 돌일 뿐이지만 불순물을 정제하면 보석이 된다.

-폴 컬리

30 위대한 사람들이 도달한 높은 봉우리는 단숨에 도달한 것이 아니라 다른 사람들이 자고 있는 동안 힘들여 노력해서 한 걸음 한 걸음 올라간 것이다.

-R. 브라우닝

02

Chapter

공부하는 자가
끝까지
살아남는다

적극적인 사고를
기르기 위한
7가지

유대인 상인의 아들로 태어난 젊은이가 있었다. 젊은이는 정치가란 꿈을 품고 영국 보수당에 입당하였다. 그는 선거에 나섰으나 번번이 떨어지고 말았다. 하지만 결코 포기하지 않았다. 포기할 거면 애당초 시작도 안 했을 것이다.

그는 여러 번의 낙선 끝에 드디어 33세에 하원의원에 당선되었다. 의회에 진출한 그는 처음으로 한 연설에서 수준 이하라는 평가를 받으며 평가절하되었다. 어느 누구도 그에게 관심조차 가져주지 않았다. 그는 그저 그렇고 그런 평범한 의원일 뿐이었다.

"이렇게 끝낼 순 없다. 난 반드시 내가 원하는 것을 얻고야 말겠다."

그는 이를 악물고 굳게 다짐하였다. 그는 그날부터 연설 연습을 하는 등 의원으로서 갖춰야 할 품격을 위해 노력에 노력을 거듭하였다. 그 결과 그는 하원의장에 선출되는 쾌거를 이뤄냈다. 이어서 재무부 장관을 역임했다. 그리고 그의 최종 목표였던 수상에 선출되었다.

그는 겸손한 인품으로 국민들에게 찬사를 받으며 영국 정치사에 성공한 정치인으로 이름을 남겼다.

유대인으로 당시 세계를 쥐락펴락했던 영국의 수상이 된다는 것은 엄청난 일이 아닐 수 없다. 더군다나 보수적 성향이 강한 나라에서 말이다. 하지만 그는 모든 어려움을 이겨내고 자신의 꿈을 이뤄내고야 말았다. 그의 이름은 벤저민 디즈레일리이다.

나는 할 수 있다는 강한 믿음을 가지고 도전하라

한 여자가 있었다. 그녀는 교사 생활을 하며 틈틈이 소설을 썼다. 그녀는 어렵게 쓴 소설을 출판사에 보냈다. 출판사 '애틀랜틱 먼슬리'의 편집장 필즈는 그녀의 원고를 읽고 원고를 돌려주며 그녀의 아버지에게 말했다.

"따님에게 교사를 그만두지 말라고 하십시오. 작가로서 재능이 별로 없으니까요."

아버지의 말을 전해들은 그녀는 두 주먹을 불끈 쥐고 말했다.

"흥, 두고 보라지. 내 기필코 '애틀랜틱 먼슬리'에서 내 소설을 내고 말 테니까."

이렇게 결심한 그녀는 더 열심히 글을 썼다. 편집장의 선택이 매우 잘못되었다는 걸 반드시 증명해 보이겠다는 놀라운 집념에서였다.

그후 그녀는 당시 최고의 시인이었던 롱펠로로부터 에머슨에 버금가는 시인이 아니라면 쓰기 힘든 작품이라는 찬사를 받으며 '애틀랜틱 먼슬리'를 통해 소설을 내었다. 그녀의 소설 《작은 아씨들》은 일약 베스트셀러가 되었고 그녀는 촉망받는 작가가 되었다. 그녀가 번 돈으로 집안의 부채를 다 갚았고, 가족들이 편히 먹고 살았다고 한다. 그녀의 이름은 루이자 메이 올컷이다.

큰 성공 뒤엔 반드시 그만한 이유가 있다. 무슨 일이든지 그냥 이루어지는 것은 없다. 우연하게 이루어지는 성공도 따지고 보면 꾸준한 노력의 결과라는 사실을 알아야 한다.

성공한 사람들은 하나같이 적극적인 사고를 가졌다

성공한 사람들에게서 발견되는 한 가지 공통점은 그들의 성공은 한 순간에 이루어진 것이 아니라 자신이 세운 목표를 향해 끊임없이 노력하는 가운데 실현되었다는 사실이다.

그들은 보통 사람들이 가지고 있지 않은 적극적인 사고방식을 가지고 있다. 적극적인 사고방식은 그 사람의 타고난 성격에도 있지만 그보다는 후천적인 교육을 통해 얻어진다.

세계적으로 널리 알려진 자기계발 전문가이자 저술가인 노만 V. 필 박사는 그 방법에 대해 다음과 같이 말하고 있다.

"다음의 7가지 사항은 우리의 마음가짐을 소극적인 것에서 적극적인 것으로 바꾸어 창조적으로 전환시켜주며, 잘못된 사고방식을 진실한 사고방식으로 깨우치게 해주는 실제적인 방법이다. 이것을 시험해보자. 끈기 있게 시험해보자. 그러면 반드시 효과가 나타날 것이다."

적극적인 사고를 기르기 위한 7가지 방법

첫째, 앞으로 24시간 동안, 자신에게 일어날 모든 일에 대해서, 즉 사업이나 건강, 또 장래에 대해서 희망을 갖고 침착하게 낙관적으로 이야기해보자. 아마 대부분의 사람들은 모든 일에 대해서 비관적으로 이야기하는 것이 습관이 되어 있어 실행하기가 어려울지도 모른다. 그러나 최선을 다해 적극적인 생각과 행동으로 소극적인 습관으로부터 빠져나와야 한다.

둘째, 24시간 동안 희망에 차 이야기하는 연습을 했으면, 이것을 다시 일주일간 계속하자. 그렇게 해보면 하루나 이틀은 그렇게 하는 것이 '현실적'이라고 생각하게 된다. 그리고 일주일 전에 우리가 '현실적'이라 생각했던 것이 사실은 비관적인 생각이었다는 것을 깨닫게 되고, 현재 '현실적'이라고 생각하는 것이 지금까지의 것과는 전혀 다르다는 것을 깨닫게 될 것이다. 이는 곧 적극적인 사고방식으로 변하기 시작했다는 징조다. 사람들이 자기가 현실적이라고 하는 경우, 그것은 그들 자신을 속이고 있는 것이다.

셋째, 우리는 신체를 돌보는 것과 마찬가지로 정신을 돌보지 않으면 안 된다. 정신을 건강하게 하기 위해서는 건전한 사고라는 영양분을 공급해야 한다. 오늘부터 바로 소극적인 사고방식을 적극적인 사고방식으로 바꾸어라.

그러기 위해서는 우선 신약성경부터 읽기 시작하자. 그리고 신앙에 관한 모든 문장에 줄을 긋자. 마태, 마가, 누가, 요한 등 4복음서의 신앙에 관한 모든 것에 줄이 그어질 때까지. 특히 마가복음 11장 22~24절은 적어두자. 이들 각 절은 줄을 그어 잠재의식 가운데 깊이 새겨두면 적극적인 사고를 하는 데 도움이 될 것이다.

넷째, 줄친 대목은 외울 때까지 매일 읽어 암기하자. 그러기 위해서는 상당히 시간이 걸리겠지만 적극적인 사고를 하기 위해서는 시간이 많이 걸린다는 것을 깨달아야 한다. 목적이 부여된 모든 일에는 시간의 투자와 정신적인 노력이 있어야 한다. 특히 기존의 것을 깨고 새로운 것으로 전환하고자 할 때는 더욱더 그렇다.

다섯째, 친구들 가운데서 누가 제일 적극적인 생각을 하는가를 알기 위해 친구들의 리스트를 만들고 신중하게 그와 교제를 진행시키자. 그러나 소극적인 친구들도 버리지 말고 그 정신을 알 때까지 새로 터득한 적극적인 생각을 그들에게 심어주자.

여섯째, 논쟁을 피하자. 그러나 소극적인 사람을 만났을 때는 적극적이고 객관적인 의견으로 대하라.

일곱째, 기도를 많이 하자. 기도할 때에는 하나님이 우리에게 위대하고 훌륭한 것을 부여하리라는 생각에 입각하여 감사하는 마음으로 하

자. 왜냐하면 우리가 하나님께서 그렇게 해주리라 믿으면 하나님은 반드시 그렇게 이루어줄 것이기 때문이다. 그러나 하나님은 우리가 믿는 것 이상으로, 즉 신앙에 의해 받을 수 있는 것 이상으로 위대한 것을 주지는 않는다.

성공의 비결은 건강치 못한 사고방식을 몰아내는 것이다. 대신에 새롭고, 생생하며, 강력한 신앙적 사고방식을 가져야 한다. 새로운 생각의 도입은 자신의 생활을 개조시킬 것이다.

이상에서 본 바와 같이 노만 V. 필 박사의 말에 의하면 적극적인 사고는 노력에 따라 얼마든지 기를 수 있는 것이다. 그러므로 이를 내 것으로 만들기 위해서 꾸준한 노력을 아끼지 말아야 한다.

적극적인 사고는 미래를 위한 최선의 방책이다

요즘 30대들 중엔 의지와 끈기가 부족한 이들이 있다. 캥거루족이니 니트족이니 하는 이들을 보면 그런 느낌이 든다. 이들은 부모에게 의지하여 살아간다. 자신의 힘으로 살아갈 생각을 잊고 있는 듯하다. 이에 대해 그들은 말한다. "아무리 일거리를 찾아도 없어요. 그러니 지금으로서는 어쩔 수 없는 일 아닌가요" 하고.

물론 힘들다는 거 잘 안다. 하지만 더 이상 부모를 힘들게 하지 말고 무슨 일이든 하라는 것이다. 비록 월급이 적더라도 무슨 일이든 하라는 말이다. 하다 보면 길이 열린다. 그렇지만 집에서 놀다 보면 막상 원하는 일이 주어지더라도 감각이 떨어져서 제대로 하지 못할 수도 있다는 걸 알아야 한다. 절대 집에서 놀지 마라.

인류의 역사에 지대한 업적을 남긴 뉴턴, 아인슈타인, 톨스토이, 헤밍웨이, 피카소, 처칠, 루스벨트, 빌 클린턴, 워렌 버핏 등 성공한 인생들은 적극적인 사고를 갖고 끊임없는 도전으로 자신의 뜻을 이루었다.

적극적인 사고는 성공을 위한 최선의 방책이다.

적극적인 사고로 도전하라. 안 되면 목숨을 걸고서라도 도전하라. 도전 없는 성공은 그 어디에도 없다.

What is Thirty

Tip
Life Point

영국의 시인 R. 브라우닝는 말했다.
"위대한 사람들이 도달한 높은 봉우리는 단숨에 도달한 것이 아니라 다른 사람들이 자고 있는 동안 힘들여 노력해서 한 걸음 한 걸음 올라간 것이다."

그렇다. 그 어떤 성공도 저절로 된 것은 없다. 모두가 목표를 정하고 그 목표를 향해 한 걸음 한 걸음 딛고 올라간 끝에 성공한 것이다. 목표를 향해 가다 보면 고난의 산도 만나고 시련의 바다도 만난다. 그것이 인생이다. 그런데 누구는 그대로 주저앉고 또 다른 누구는 죽을 각오로 나아간다. 아무리 힘들어도 절대 포기하지 마라. 강철 의지로 죽을 각오로 행하면 반드시 이룰 수 있다. 강철 의지는 성공을 위한 최선의 조건이다.

공부하는 자가
끝까지 살아남는다

공부하는 자가
끝까지
살아남는다

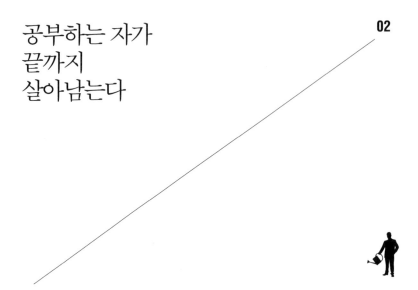

평생을 배워도 모자라는 게 배움이다. 배움은 그만큼 깊고 높다. 그런데 배움을 단기적으로 생각하거나 일정하게 정해진 기간만 하는 거라고 생각한다면, 배움의 의미를 잘 모르는 일이다.

배움은 광야를 달리는 무적의 전차와 같아서 참된 배움은 열정 없이는 할 수 없다. 배움의 소중한 가치에 대해 조 카를로스는 다음과 같이 말했다. "날마다 한 가지씩 새로운 것을 배우면 경쟁자의 99%를 극복할 수 있다."

그렇다. 배움은 무엇이든, 누구든 이겨낼 수 있는 힘이다. 배움은 가장 진실한 인생의 길라잡이다.

다음은 배움의 중요성과 효율성에 대해 주장한 이들의 여러 가지 생각이다. 이 생각들을 가슴에 품고 실천한다면 남보다 나은 삶을 살게될 것이다.

성공을 위해서는 꾸준히 공부해야 한다

"가장 많은 것을 알고 있는 사람이 인생에서 가장 크게 성공한다."

이는 영국의 수상을 지낸 벤저민 디즈레일리가 한 말이다. 그의 주장처럼 가장 많이 안다는 것은 가장 성공할 조건을 갖춘 것이라 해도 과언이 아니다. 벤저민 디즈레일리는 이 점을 너무도 잘 알고 있었다.

그렇다면 가장 많이 알려면 어떻게 해야 할까?

멈추지 말고 꾸준히 공부해야 한다. 공부하지 않는데 절로 알아지는 것은 아무것도 없다. 신문기사 단 한 줄이라도 읽어야 아는 체라도 할 수 있지, 그렇지 않으면 아무것도 모르는 꽉 막힌 사람이 되고 만다.

"어느 분야에서든 성공을 위한 최소한의 기본 조건이 있다면, 그것은 바로 지속적인 학습이다."

이는 데니스 웨이틀리가 한 말이다. 그의 말의 요지는 지속적으로 학습해야 성공을 위한 최소한의 기본 조건을 갖출 수 있다는 것이다. 즉 많이 알도록 꾸준히 공부해야 성공의 조건을 갖게 된다는 말이다.

머릿속에 있는 것이 당신 인생의 최고 자산이 된다

"평생 배우기에 힘써야 한다. 당신의 정신과 당신의 머리에 집어넣는 것, 그것이 당신이 가질 수 있는 최고의 자산이다."

이 말을 한 이는 한때 노숙자로 지내다 공부를 함으로써 최고의 자기계발 전문가가 된 브라이언 트레이시다.

대부분의 사람들은 돈이 많아야 행복하다고 말한다. 맞는 말이다. 없는 것보단 백 번 천 번 나으니까. 그러나 돈보다 더 중요한 것은 배움이라고 브라이언 트레이시는 말한다. 머리에 집어넣는 지식은 죽기 전에는 사라지지 않는다. 그 반면에 돈은 있다가도 어느 순간 없어지기도 한다.

배움이란 무형의 자산이다. 배움이 깊은 사람은 어디를 가든 굶어 죽지 않는다. 가르침을 통해 먹을 것도 해결할 수 있고, 선생님이라고 깍듯이 예우까지 받는다. 남에게 가르침을 준다는 것은 존경받아 마땅한 일이기 때문이다.

자고로 배움 앞에 자랑하지 말라고 했다. 배움은 그 어떤 것보다도 소중하다. 평생을 배우는 자세로 살아가야 한다. 배움은 인간에게 최고의 가치이자 최고의 자산이다.

공부에는 끝이 없다

"많은 지식을 가지고 있고, 탄력성이 있고, 기지가 넘치고, 끈기 있는 사람이 성공한다."

유대인 랍비이자 탈무드 저자인 마빈 토케어는 말했다.

그는 많은 지식을 쌓아야 한다고 권면한다. 사실 많은 지식을 가진 사람이 능력도 있고 남보다 더 나은 인생의 가치를 느끼며 살아간다. "아는 것이 힘이다"라는 말이 있듯, 안다는 것은 힘을 기르게 하고 남보다 나은 삶을 영위해갈 수 있도록 도와준다.

'앎'은 배움을 통해 길러지는데, 배움은 포괄적 개념을 가지고 있다. 다양한 독서를 통해서 익히는 것도 배움이며, 가르침을 받는 것도 배움이며, 신문을 보고 잡지를 보는 것도 배움이다.

현대는 평생교육을 실천해야 하는 배움의 시대이다. 시시각각 변화하는 사회에서 살아가기 위해서는 그 변화에 따르는 지식을 갖춰야 한다. 그러지 못하면 뒤처지게 된다. 한번 뒤처지면 따라잡기가 그만큼 힘들어진다. 자신이 따라잡기 위해 노력할 때 상대는 이미 저만치 앞서서 가기 때문이다. 성공한 인생으로 살고 싶다면 가능한 한 많이 배우고 익혀야 한다.

배울 수 있는 것이라면 뭐든지 배워라

"누구에게든지 무엇이든지 필요한 것은 모두 다 배워 내 것으로 만든다는 적극적인 생각, 진취적인 자세로 작은 경험을 확대하여 큰 현실로 만들어내는 것을 평생 주저해본 적이 없다."

이 말을 한 이는 끊임없는 배움과 강철 같은 불굴의 의지로 현대그룹을 창업한 정주영이다.

그는 집이 가난하여 초등학교만 겨우 마쳤지만 신문을 보고, 책을 보고 많은 지식을 쌓았다. 또한 모르는 것은 누구에게든 물어서라도 배워 자신의 지식으로 만들었다. 그 결과 대학을 나온 이들은 물론 석박사 학위 소유자보다도 더 풍부한 지식을 갖게 되었다.

정주영이 불치하문不恥下問(자신보다 나이가 적든 배움이 짧든 가리지 않고 배우는 자세를 말한다)의 철학을 갖게 된 것은 배움의 가치를 잘 알았기 때문이다. 정주영의 생각대로 배움은 그에게 폭넓은 지식을 길러주었고, 풍부한 창의력과 상상력을 갖게 하는 데 큰 도움을 주었다.

배울 수 있는 것이라면 도둑질, 사기, 남을 괴롭히는 것 빼고는 무엇이든 다 배워야 한다.

책 속에 지금보다 나은 내일을 여는 비밀이 담겨 있다

"한 달에 네 권 이상의 책을 꼭 읽어야 한다. 단 한 권의 책밖에 읽지 않는 사람을 경계하라."

이는 벤저민 디즈레일리가 한 말이다.

현대는 초스피드 시대이다. 하루가 다르게 급변하고 있다. 치열한 경쟁으로 모든 것이 빠르게 변하고 있다. 어제와 오늘, 그리고 내일이란 시간의 구별이 무색할 정도로 시간은 빠르게 지나간다. 이러한 시대일수록 책을 많이 읽어야 한다. 책은 정서를 풍부하게 길러주고, 생각하는 힘을 길러주며 풍요로운 상식과 정보를 제공해준다. 책은 말 없는 스승이며, 헛기침 하나 없이 인성과 교양을 길러준다.

독서는 가장 좋은 공부법이다. 책 속에는 남들이 시행착오를 통해 얻어낸 보석보다 귀한 지혜가 담겨 있다. 많은 책을 읽을수록 더 많은 지식과 정보를 갖추게 된다.

따라서 독서량은 삶의 질과 정비례한다고 해도 과언이 아니다. 실제로 독서를 많이 하는 만큼 풍부한 상식과 정보를 얻는다. 그것을 바탕으로 새로운 학설을 만들어내고, 새로운 문화를 계발하고, 지금보다 나은 내일을 열어가는 것이다.

에이브러햄 링컨, 벤저민 프랭클린, 찰스 디킨스, 세르반테스, 월트 디즈니, 앤드류 카네기, 헨리 포드, 록펠러 등은 세계적으로 크게 성공했지만 초등학교도 제대로 다녀본 적이 없는 사람들이다. 이들이 부족한 지식을 채울 수 있었던 것은 바로 풍부한 독서였다. 그들은 하나같이 독서광이었던 것이다.

독서의 유익한 점이 이러한데도 스스로를 계발하고 가꾸어야 할 많은 젊은이들이 공부는 안 하고 인터넷 게임이나 신변잡기에 빠져 있다. 때문에 사색할 줄도 모르고, 촉각적이고 즉흥적인 생활에 익숙해져 있다.

도대체가 진지하게 책을 읽고, 사색하고, 사물에 대해 깊이 인식하고자 하는 마음이 부족하다. 그나마 읽는 책도 재테크에 관한 책, 이른바 실용 서적이 대부분이다. 이런 독서는 긍정적인 면도 어느 정도 있으나 상식의 편식을 가져와 보다 폭넓은 지식을 갖추는 데 장애가 된다. 다양한 분야의 책을 읽어야 한다. 그래야 다양한 지식으로 자신에게 주어지는 그 어떤 일도 잘 해내게 된다.

역사는 말한다. 공부하는 자가 끝까지 살아남는다고.

Tip
Life Point

학교를 졸업하면 배움과는 담을 쌓고 지내는 30대들이 많다. 그러나 이는 잘못된 생각이다. 진정한 배움은 평생을 하는 것이다. 요즘은 평생교육 이념에 따라 배움을 주는 곳이 많다. 틈틈이 배움을 가져야 한다. 왜냐하면 많으면 많을수록 좋은 게 '앎'이기 때문이다. 모르는 것을 알아가는 재미는 매우 유쾌하고 마음을 살찌게 한다. 퇴계 이황은 배우기에 힘쓰라고 권면하며 평생을 가르치는 일에 헌신했다. 배움을 높이 평가하고 귀히 여긴 까닭이다. 배움에 대한 적극적인 마인드가 인생을 풍요롭게 한다. 나이가 많고 적음을 생각지 말고 배워야 한다. 배움은 가장 근본적인 삶의 가치이다.

03

감사하는
마음으로 살면
감사할 일이
생긴다

감사하는 마음은 긍정적인 마인드에서 나온다. 긍정적인 사람은 매사를 감사하게 생각한다.

"오늘도 먹을 수 있어서 감사합니다."

"내가 원하는 일을 하게 돼 너무 감사합니다."

"좋은 부모님의 자녀가 된 것을 감사합니다."

이 세 가지 말을 보면 하나같이 긍정의 에너지가 넘쳐난다는 것을 알수 있다. 감사하는 마음은 긍정에서 오기 때문이다.

"나는 왜 하는 일마다 안 될까? 나는 불행을 위해 태어난 게 분명해."

"아이, 재수 없어. 그를 만나지만 않았어도 나는 이렇게 되지는 않았을 거야."

"나는 어째서 가난한 부모님을 두었을까. 아, 나는 지지리도 복이 없는 존잰가 보다. 이럴 거면 태어나지나 말걸."

이 세 가지 말을 보면 하나같이 부정적이다. 말만 들어도 기분이 좋지 않다. 이런 부정적인 마인드로는 그 어떤 것도 제대로 할 수 없다. 그래서 부정적인 마인드를 가진 사람은 감사할 줄도 모른다. 부정적인 마인드는 감사하는 마음을 막아버리기 때문이다.

감사하는 마음이 긍정의 힘으로 작용한다

자신이 잘되고 싶다면 감사하는 마음을 갖고 살아야 한다.

"감사하기를 실천한 사람들은 특별한 자기만의 목표를 성취했을 뿐만 아니라 행복한 삶을 만끽하고 있다. 그래서 그들에게는 남다른 비법이 있을 것 같지만 사실은 그렇지 않다. 다만 그들이 남과 다른 것은 감사함을 깨달았다는 것뿐이다. 더불어 그들은 그 비법을 감추려고 하지도 않는다. 공공연하게 말하고 다녀서 귀가 따가울 정도다."

이는 《감사의 힘》의 저자인 데보라 노빌이 한 말이다.

데보라 노빌의 말에서 보듯 감사함을 실천한다는 것은 매우 중요하다. 감사함을 실천하다 보면 긍정의 에너지가 넘쳐나 하는 일마다 즐겁다. 그러니 어떻게 일이 잘되지 않을 수 있을까.

이를 증명해 보이는 이가 있다. 그녀는 미혼모가 낳은 사생아다. 또한 열네 살에 불의한 일을 당해 아이를 낳았지만 곧 잃고 말았다. 그녀는 엄격한 할아버지 슬하에서 자랐다.

그러나 그녀에게는 꿈이 있었다. 그녀는 자신만의 개성을 살린 끝에 최고의 토크쇼를 진행하며 유명 스타가 되었다. 그녀는 15억 달러가 넘는 재산가이며 '세계에서 가장 영향력 있는 여자' 랭킹에 매년 윗자리에 오른다.

그녀는 이렇게 말했다.

"우리 주변에는 감사할 일이 아주 많다. 그것들을 매일 기록해야 한다."

그녀는 바로 오프라 윈프리이다. 그녀가 자신의 약점인 뚱뚱한 몸매와 흑인이라는 외형적인 콤플렉스를 극복하고 최고가 될 수 있었던 것은 감사하며 사는 삶을 실천했기 때문이다.

나누는 삶이 행복을 가져다주는 것임을

나누는 일을 이 지구상에 정착시킨 대표적인 사람이 있다. 그는 돈 버는 재미에 푹 빠져 지냈다. 금고에 돈이 쌓일 때마다 이렇게 말했다.

"역시 돈이 좋아. 돈은 나를 기쁘게 한단 말이야. 더 많은 돈을 벌어야겠어. 돈은 내 인생의 목표야."

그는 공공연하게 이렇게 말했다. 그리고는 더욱 악착같이 돈을 벌었다. 그는 도매상이나 소매상인들로부터 수전노에 피도 눈물도 없는 거머리라는 비난을 받았다. 하지만 그에게는 그런 비난 따위는 문제도 아니었다.

그러던 어느 날 그는 몸이 좋지 않아 병원 진료를 받게 되었다. 그리고 얼마 살 수 없다는 진단이 내려졌다. 낙심이 이만저만이 아니었다. 돈 버는 재미에 빠져 수많은 사람들의 등골을 빼먹는다는 비난을 받았는데 막상 얼마 안 있으면 죽는다고 생각하니 허무했다. 그동안 자신이 악착같이 살아온 것이 후회가 되었다.

그는 가난한 자들과 사회를 위해 있는 돈을 다 쓰고 가리라 마음먹고 그대로 실천하였다. 그가 돈을 내놓자 사람들은 그를 달리 생각하기 시작했다. 앞장서서 그를 비난했던 사람들도 그를 칭찬하기 시작했다. 그러자 그의 마음속에서 기쁨의 샘물이 터진 듯 즐거움이 넘쳐났다. 돈 버는 재미도 좋았지만, 돈 쓰는 재미는 더 좋았다.

"아, 돈 쓰는 재미가 이렇게 즐거울 줄이야. 그동안 나는 왜 움켜쥐고만 살았을까. 더 열심히 쓰고 살자."

이렇게 생각하자 감사한 마음이 새록새록 피어났다. 돈을 쓰는데도 감사했다. 참으로 이상한 일이라고 생각하며 자신의 생각대로 실천해 나갔다. 그러자 그에게 기적 같은 일이 벌어졌다. 곧 죽을 거라던 그의 몸이 아주 건강하게 되었던 것이다. 그는 백수를 누리며 행복한 삶을 살았다. 그의 이름은 존 D. 록펠러이다.

그가 나누는 삶을 살고 감사하며 살자 그에게 참 행복이 찾아왔고, 죽음도 몰아내고 최고의 인생이 되었던 것이다.

베푸는 마음은 우리 인생의 가장 큰 재산이다

탁월한 자기계발 전문가이자 영원한 베스트셀러 《생각하라, 그러면 부자가 되리라》의 저자인 나폴레온 힐은 다음과 같이 말했다.

"인생에는 열두 가지의 재산이 있다. 첫째, 긍정적인 정신자세. 둘째, 건강. 셋째, 조화로운 인간관계. 넷째, 공포로부터의 자유. 다섯째, 성공에 대한 희망. 여섯째, 신념의 힘. 일곱째, 베푸는 마음. 여덟째, 자선활동. 아홉째, 너그러운 마음씨. 열 번째, 자제력. 열한 번째, 이해심. 열두 번째, 경제적인 보장이 그것이다."

아주 적절한 지적이 아닐 수 없다. 특히 이 중에서 베푸는 마음에 대해 자세히 언급하기로 하자. 베푸는 마음은 자선의 마음이다. 여기엔 아주 중요한 부의 법칙이 숨어 있다. 이에 대해 나폴레온 힐은 다음과 같이 말했다.

"나눔이라는 신성한 방법을 실천하지 않는 사람은 행복의 진정한 통로를 발견하지 못할 것이다. 행복은 나눌 때에만 비로소 찾아오기 때문이다. 따라서 모든 부는 타인에게 봉사하며 나누는 단순한 방법을 통해 더욱 가치를 지니고 증식된다는 것을 잊지 말아야 한다. 베풀지 않는 재산은 그것이 물질이든 무형의 것이든, 병든 가지의 장미처럼 죽어버릴 것이다. 게으름과 사용하지 않는 것은 부패와 죽음으로 이어지는 자연의 제1법칙이기 때문이다. 이러한 법칙은 살아 있는 모든 생물은 물론 사람이 소유한 물질에도 똑같이 적용된다."

이 말은 한 마디로 남에게 베풀 때 더 많은 부가 축적된다는 의미이다. 즉 부자가 되고 싶으면 남에게 많이 베풀어야 한다는 것이다.

영원한 고전 《탈무드》는 물질에 대해 이렇게 말한다.

"자선을 하지 않는 사람은 아무리 큰 부자라도 맛있는 요리를 늘어놓은 식탁에 소금이 없는 거와 같다."

"돈은 사람에게 참다운 명예를 가져다주지 않는다. 아무리 돈을 벌어도 그것만 가지고는 인간의 참다운 명예는 살 수 없다."

"돈은 목적이 아니라 도구이다."

"돈은 비료와 같다. 쓰지 않고 쌓아두면 냄새가 난다."

이 네 가지 말의 핵심은 돈을 가치 있게 써야 한다는 말이다. 그렇다면 문제는 간단하다. 베풀면 되는 것이다.

전 세계 인구 대비 약 0.3%인 유대인들은 월가의 금융재산을 40% 가까이 보유하고 있다고 한다. 월가의 40%라면 전 세계의 삼 분의 일은 유대인들의 돈이라는 말이다.

또한 역대 노벨상 수상자의 약 30%가 유대인이다. 그중 경제 부분은 약 70%나 된다. 참 놀라운 일이 아닐 수 없다. 그렇다면 유대인들은 어떻게 해서 많은 부를 누리게 되었는가(여기서는 경제 부분만 언급하기로 한다). 그것은 유대인들은 나눔의 삶을 살기 때문이다. 그들은 태어나면 어릴 때부터 나눔을 가르친다. 즉 진정한 부는 나도 잘되고 남도 잘되게 하는 것이라고 가르친다. 그러다 보니 그들은 받을 돈이 있어도 채무자가 돈이 없으면 받을 때까지 기다린다. 그리고 그들이 돈을 벌 수 있도록 도움을 준다.

그러다 보니 돈을 받고도 감사하다는 말을 듣는다. 우리나라의 개념 없고 무식하고 악랄한 사채업자들이나 금융업자들은 반드시 새겨들어야 할 말이다. 주먹질이나 하고, 여자들에게 성매매나 시키고, 장기 포기 각서를 쓰게 하는 야만적이고 패륜적인 행위로 번 돈으로 먹고 입은들 그게 살이 되고 피가 될까. 생각하면 끔찍하고 한심스럽다. 진정한 부의 가치를 모르는 무식함 때문이다.

30대는 자기계발을 위해, 직장생활을 위해, 사회적인 진출로 한창 몸과 마음이 바쁘게 움직이는 시기이다. 이럴 때 감사하며 사는 법을 배워야 한다. 그것이 자신이 잘되는 길이다.

Tip
Life Point

"누군가에게 생애 최고의 날을 만들어주는 것은 그리 힘든 일이 아니다. 전화 한 통, 감사의 쪽지, 몇 마디의 칭찬과 격려만으로 충분한 일이다."

이는 댄 클라크가 한 말이다.

"다른 사람을 행복하게 할 때 행복은 비로소 나에게 찾아온다."

이는 그레타 팔머의 말이다.

댄 클라크와 그레타 팔머의 말의 요지는 무엇인가? 그것은 남을 위해 사는 것이 곧 내가 잘되는 일이라는 것이다. 즉 남을 잘되게 하면 긍정적인 에너지가 발동하여 자신은 더욱 잘된다는 것이다. 역사는 우리에게 수많은 사건과 사례를 통해 그것을 증명하고 있다. 진정한 부는 매사에 감사한 마음으로 살고, 나도 잘되고 남도 잘되게 할 때 온다는 것을 잊지 마라.

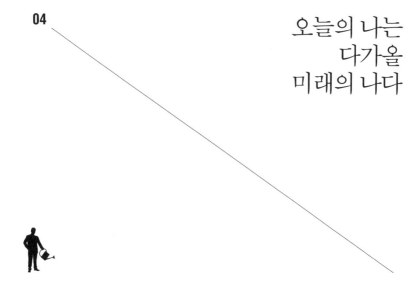

오늘의 나는 다가올 미래의 나다

04

자신이 하고 싶은 일을 한다는 것은 행복한 일이다. 자신이 하고 싶은 일을 하는 사람들은 그렇지 않은 사람들보다 일에 대한 성취도가 높다. 그 까닭은 자신이 하고 싶은 일을 하는 사람은 싫증을 내지 않고 늘 능동적으로 해나가기 때문이다.

능동적으로 하는 일과 수동적으로 어쩔 수 없이 하는 일은 현격한 차이가 있다. 능동적으로 하는 일은 능률적이어서 그 성과가 좋다. 그러나 수동적으로 하는 일은 결과가 밋밋한 경우가 대부분이다.

가까이 있는 분명한 것 실천하기

요즘 30대들은 자신이 하는 일에 늘 갈등하고 번민한다고 한다. 이는 자신이 하는 일에 만족하지 못하기 때문이다. 그래서 많은 30대들이 기회만 되면 현재 자신이 하고 있는 일에서 벗어나 다른 일을 했으면 한다. 하지만 이는 자신에게나, 사회적으로나, 국가적으로 매우 소모적인 일이다. 이런 소모적인 일에서 벗어나기 위해서는 자신이 지금 하고 있는 일에 열정을 갖는 노력이 필요하다.

오늘 자신이 하는 일에 최선을 다하지 못하면 지금보다 나은 내일을 보장받을 수 없기 때문이다. 이에 대한 생각을 환기시켜주는 멋진 이야기를 보기로 하자.

"나는 한 평범한 의학도였다. 졸업시험에 합격할 수 있을까, 합격을 하면 무엇을 해야 할까, 어디로 가야 할까, 어떻게 살아가야 할까를 걱정하였다. 그러던 어느 날 답답한 내 마음을 활짝 열어줄 좋은 글귀를 만나게 되었다. 그것은 칼라일의 '우리들의 중요한 임무는 희미한 것을 보는 것이 아니라, 가까이 있는 분명한 것을 실천하는 것이다'였다. 나는 이 글귀에 깊은 감명을 받고 꾸준히 실천한 끝에 내가 원하는 것을 얻을 수 있었다. 좋은 글은 인생을 바꿀 만큼 강한 메시지를 담고 있다."

이 말을 한 사람은 세계 최고 의과대학인 존스 홉킨스 대학 설립자인 윌리엄 오슬러이다. 그는 의학도로서 앞날이 보장된 공부를 하고 있었다. 그럼에도 그는 자신이 하는 일에 대한 확신이 없었다. 열심히 강의를 들으면서도 그의 한쪽 가슴에는 미래에 확신이 없었던 것이다.

그러던 어느 날이었다. 답답한 그의 마음을 시원하게 풀어줄 일이 벌어졌다. 그것은 그가 우연히 보게 된 글귀였다. 그 글귀는 영국의 위대한 사상가인 칼라일의 "우리들의 중요한 임무는 희미한 것을 보는 것이 아니라, 가까이 있는 분명한 것을 실천하는 것이다"였다.

윌리엄 오슬러는 이 글귀를 읽는 순간 무언가에 한 방 얻어맞은 것처럼 정신이 번쩍 났다. 그 순간 답답했던 마음이 일순간 사라지고 말았던 것이다. 그러자 그의 마음속에선 기쁨이 샘물처럼 터졌다. 그리고 나는 할 수 있다는 새로운 각오로 가슴이 두근두근거렸다.

그는 책상에 앉아 앞으로 자신이 해야 할 일에 대해 기록하기 시작했다. 그는 자신이 기록한 것을 거울로 삼아 날마다 주어지는 오늘 하루를 열심히 살아갔다. 그랬더니 목표가 서서히 다가오기 시작했다. 그는 대학을 졸업하고 의사로서 최선을 다한 끝에 존스 홉킨스 대학을 설립하였다. 그후 그는 대학을 세계 제일의 의과대학으로 발전시키며 많은 이들의 존경을 받았다.

여기서 우리는 중요한 사실을 발견할 수 있다. 확실한 목표 없이 지낼 땐 답답하던 마음이 확실한 목표가 생기자 생활 자체가 완전히 바뀌었다는 사실이다. 어떤 목표를 갖느냐는 매우 중요하다. 그 목표에 따라 자신의 삶도 달라지는 것이다.

바로 오늘을 살아라

신사 둘이 뉴욕에서 가장 멋진 식당으로 갔다. 그들이 문을 열고 들어가자 그들을 본 종업원의 눈이 커다랗게 변했다. 종업원은 주방장에게 이 사실을 알렸다. 그러자 주방장의 눈도 왕방울처럼 커졌다.

"뭐라고? 그게 사실인가?"

주방장은 믿기지 않는 듯 재차 물었다.

"네, 틀림없습니다."

주방장은 가슴을 쓸어내리고 심호흡을 하더니 조리실을 나와 신사 앞으로 가서는 공손하게 인사를 했다.

"어서 오십시오, 선생님. 이렇게 찾아주셔서 영광입니다. 언젠가 한 번은 꼭 오시리라 믿고 있었습니다."

"아니, 어째서 나를 그토록 기다렸습니까?"

"선생님의 훌륭한 노래를 가까이에서 듣고 싶어서입니다. 선생님께서 저희 식당에 오시면 노래를 청해 듣기로 저희 직원 모두는 간절한 마음으로 고대하고 있었습니다."

"그래요? 그렇다면 노래를 해야겠군요."

신사는 웃으며 말했다.

"네! 선생님, 그게 정말이십니까?"

신사의 시원스런 대답에 주방장은 활짝 웃으며 허리를 굽혀 예를 표했다.

신사는 자리에서 벌떡 일어나 그 어느 때보다도 힘차게 노래를 불렀다. 주방장과 식당 종업원들은 물론 식사를 하러 온 손님들은 뜻밖에도, 세계적인 성악가의 노래를 가까이에서 듣게 된 사실에 감격하여 넋을 잃고 신사의 노래에 귀를 기울였다. 노래가 끝나자 식당 안은 박수와 환호성으로 요란했다.

그런데 함께 온 신사의 친구가 조금은 못마땅한 표정으로 말했다.

"여보게, 자네답지 않게 어떻게 이런 곳에서 노래를 부르는가?"

그러자 신사는 큰 소리로 웃으며 말했다.

"모르는 소리 말게. 나는 내 노래를 이해하고 또 듣고 싶어 하는 사람이 있다면 한 사람 앞에서라도 부를 생각이네."

신사의 말을 들은 친구는 비로소 그의 폭넓은 예술정신과 자신의 일에 최선을 다하는 열정에 감복하고 평생 그를 존경했다고 한다. 그는 바로 세계적인 성악가 엔리코 카루소이다.

카루소가 성공하기까지는 많은 고난과 역경이 있었다. 가난한 집안 사정으로 학교 공부도 못하고 집안을 돕기 위해 어린 나이에 공장에서 일을 해야만 했다.

어린 카루소에겐 꿈이 있었는데 바로 성악가가 되는 것이었다. 힘든 공장일이 끝나면 하루도 빠지지 않고 노래 연습을 하였다. 날마다 죽을 각오로 최선을 다한 끝에 무대에 서게 되었고, 마침내 세계 최고의 테너가수가 되었다.

카루소가 가난을 물리치고 최고의 테너가 될 수 있었던 것은 날마다의 오늘을 최선을 다했기 때문이다.

내 삶에 대한 사랑과 열정

가난뱅이 소년이 있었다. 소년은 친구들이 학교에 간 사이 집안을 도와 일을 해야만 했다. 소년은 일하는 틈틈이 땅바닥에 그림을 그렸다. 종이와 물감을 살 돈이 없어서였다. 소년이 그린 그림은 개나 고양이, 쥐 같은 동물이었다. 소년이 그림을 그릴 때면 얼굴에 화색이 돌았다. 소년은 그림 그리는 게 너무 좋았다.

그렇게 세월은 흘러 소년은 20대 청년이 되었다. 그는 형이 하는 회사에서 일을 하며 그림을 그렸다. 그에게는 꿈이 있었는데 멋진 애니메이션 영화를 만드는 것이었다. 그는 힘들게 모은 돈으로 영화를 만들었지만 실패를 하고 말았다.

실의에 잠겨 있던 어느 날 늦게까지 사무실에 있던 중 번쩍이는 섬광과 함께 아이디어가 떠올랐다. 낡은 사무실 벽 구멍 사이로 쥐들이 왔다 갔다 하는 게 눈에 띈 것이다.

"그래, 바로 그거야!"

이렇게 말하며 그는 회심의 미소를 지었다.

그리고 그날부터 그림을 그리기 시작했다. 역시 동물 그림이었는데 다름 아닌 생쥐 그림이었다. 그는 가급적이면 남녀노소가 친근하게 느낄 수 있도록 귀엽고 깜찍하게 그렸다. 그리고 마침내 캐릭터를 완성하였다.

그는 형에게도 주변 사람들에게도 그림을 보여주었다. 다들 관심을 갖고 평가해주었다. 그는 이 캐릭터를 모델로 하여 움직이는 애니메이션을 만들었다.

결과는 대 성공이었다. 아이 어른 할 것 없이 구름떼처럼 사람들이 몰려들었던 것이다. 이 애니메이션은 전 세계로 수출이 되었고 옷, 학용품, 생활용품 등에 캐릭터로 사용되었다. 그러자 이번엔 캐릭터가 그려진 제품마다 동이 났다.

"야호! 성공이다. 드디어 내가 해냈다."

그는 두 팔을 높이 치켜들고 만세를 외쳤다.

그는 이 여세를 몰아 가족들이 함께 즐길 수 있는 놀이공원을 만들었다. 이 또한 대 성공이었다. 그는 하는 일마다 성공을 하였다. 그의 이름은 전 세계에 널리 알려졌다. 그는 세계적으로 유명인이 된 것이다. 그는 바로 세계 최고이자 최대의 놀이공원인 디즈니랜드의 창업주 월트 디즈니이다.

그는 이렇게 말했다.

"나는 돈을 벌기 위해 영화를 만드는 것이 아니라 영화를 만들기 위해 돈을 번다."

이 말의 뜻은 자신의 일이 우선이지 돈이 우선이 아니란 말이다. 자신의 일을 이처럼 사랑했기에 월트 디즈니 또한 세계사에 자신의 이름을 남길 수 있었던 것이다.

자신의 일에 최선을 다한 윌리엄 오슬러, 엔리코 카루소, 월트 디즈니는 자신의 분야에서 큰 족적을 남기고 떠난 사람들이다. 그랬기에 지금도 그들은 많은 사람들로부터 존경을 받는다.

오늘의 나는 다가올 미래의 나다.

오늘 하루를 허투루 보내면 그만큼 자신은 퇴보하게 된다. 남들보다 나은 내일을 살고 싶다면 남이 하는 것 그 이상으로 해야 한다. 그랬을 때 자신이 원하는 것을 얻게 되어 주목받는 인생이 될 수 있음을 기억하라.

Tip
Life Point

"날마다 오늘이 그대의 마지막 날이라고 생각하라. 날마다 오늘이 그대의 첫날이라고 생각하라."

이는 《탈무드》에 나오는 말이다. 이 말이 의미하는 것은 '오늘'의 소중함이다. 즉 오늘을 마지막 날처럼, 첫날처럼 여겨 허투루 살지 말라는 것이다. 유대인들은 어린 시절부터 이 글을 마음에 새겨 최선을 다한다. 그 결과 세계에서 최고의 민족으로 살아가고 있다.

"결코 시계를 보지 마라. 이것이 젊은이들에게 하고 싶은 나의 충고다."

이는 에디슨이 한 말인데, 시계를 보지 말라는 것은 그만큼 열심히 살라는 의미이다. 그랬기에 에디슨은 천 가지가 넘는 발명품을 발명할 수 있었다. 지금 우리가 편리하게 사용하는 대부분의 발명품은 그가 발명한 것이며 또 그것을 토대로 하여 더욱 발전시킨 것들이다. 한 사람이 이룬 일이 이처럼 오늘을 사는 이들에게 위대한 유산이 될 줄은 에디슨 자신도 몰랐을 것이다. 오늘은 두 번 다시 오지 않는다. 최선을 다해 오늘을 멋지게 살아가라.

휴식은
재충전의 기회,
똑똑하게 휴식하라

휴식은 단순히 노는 시간이 아니라 삶을 재충전하는 '라이프 골드 타임'이다. 그런데 이처럼 중요한 '라이프 골드 타임'을 잘못 인식하는 사람들이 많다. 그저 먹고, 취하도록 마시고, 고스톱 치고, 카드놀이 하고, 골프 치는 게 고작이다. 이는 대한민국 어딜 가나 비슷한 현상이다. 이는 우리가 아직 진정한 휴식 문화에 대해 잘 모르기 때문이다.

유대인들은 휴식 시간을 잘 쓰기로 유명하다. 그들이 휴식 시간을 잘 활용하는 것은 그들의 종교인 유대교의 영향과 《탈무드》의 가르침에 따른 것이다.

"휴일이 인간에게 주어진 것이지 인간이 휴일에게 주어진 것은 아니다."

《탈무드》에 나오는 말이다. 이 말에서도 알 수 있듯이 철저하게 인간 중심으로 휴일을 보내야 한다. 유대인들에게 있어 휴식은 지친 몸과 마음을 편안히 하고, 새로운 에너지를 창조하는 역동적이고 생산적인 시간이다. 그들이 모든 분야에서 뛰어난 두각을 보이는 것은 휴식 시간을 효율적으로 보낼 줄 아는 지혜가 있기 때문인지도 모른다.

우리 역시 창조적이고 생산적인 휴식 문화를 즐길 필요가 있다. 그러기 위해서는 어떻게 해야 할까?

지금의 나를 있게 한 가족, 그들과 함께 휴식을 즐겨라

세계에서 가족 중심 문화가 가장 잘 발달된 민족은 유대인이다. 그들은 조상 대대로부터 일주일 중 금요일 저녁부터 토요일 저녁까지 철저하게 쉰다. 이를 새버드sabbath, 즉 안식일이라고 하여 유대인이라면 누구나 실천하고 있다.

물론 유대인들의 종교인 유대교의 교리에 의한 것이기도 하지만, 그들은 그것을 단지 교리적으로만 받아들이지 않는다. 그들에게 안식일은 교리와 삶 그 자체인 것이다. 안식일 날 유대인들은 경건하면서도 아주 소박하게 보낸다. 음식 또한 지극히 소박하다. 유대인들은 그렇게 몸과 마음을 철저히 쉬게 하여 피로를 풀어버린다.

그런데 우리는 어떠한가? 휴일만 되면 많은 가정들이 이산가족이 된다. 남편은 골프 치러 가거나 낚시하러 가고, 머리 굵은 자식들은 친구 만나러 가고, 집에는 아내만 덩그러니 남아 있는 가정들이 많다. 그렇지 않은 가정에서는 먹고 마시면서 하루를 보낸다. 자신에 대한 반성이

나 성찰이 없다. 오직 '노세 노세 젊어서 노세'이다.

그렇다고 해서 이를 무조건 비난만 할 수 없는 것이 또 우리나라 실정이다. OECD 국가 중 노동 시간이 제일 많은 나라가 우리나라다. 2교대니 3교대니 하며 일에 빠져 산다. 그러니 휴일만 되면 지친 몸을 보충하느라 먹고 마시고, 끼리끼리 몰려다닌다.

여기서 아이러니한 것은 철저하게 휴식을 즐기는 유대인들이 일에 빠져 지내는 우리나라 사람들에 비해 무엇이든 월등하다는 사실이다. 그들보다 일하는 데 시간을 더 쓰는 우리나라 사람들이 왜 그들에게 떨어지는 것일까? 이것은 한 마디로 생산성의 차이이다. 몸과 마음을 푹 쉬고 다음 한 주를 맞는 것과 피로가 쌓인 상태로 맞는 것은 천지 차이다.

피곤에 지치면 일의 속도가 당연히 느릴 수밖에 없다. 비효율적인 노동으로 인해 생산성이 떨어지기 때문이다.

이런 폐단을 막을 수 있는 가장 좋은 방법은 일자리를 나누는 것이다. 피로에 지쳐 12시간을 일하는 것보다는 쌩쌩한 몸으로 8시간 일하는 게 여러 가지 관점에서 보면 훨씬 생산성이 크다. 아무튼 우리나라는 휴식 문화도 비효율적이고 생산성도 비능률적이다.

생산성을 끌어올리기 위한 일자리 나누기는 정부와 기업 차원에서 해야 할 문제니 더 이상 언급을 폐하고, 휴식 문화에 대해서만 더 말을 잇기로 하자.

다행스럽게도 요즘 가족 중심으로 휴식을 즐기는 가정들이 늘고 있는 추세다. 그런데 이런 가정들 중에는 종종 남의 가족을 끌어들이는 경우를 볼 수 있다. 물론 가까운 사람들과 함께 지내는 것도 나쁠 건 없다. 하지만 가족만이 오붓한 시간을 보내면서 평소에 함께하지 못했던 시간을 맘껏 즐김으로써 가족의 행복과 사랑을 돈독히 하는 것이 좋다. 이것이야말로 진정한 가족 중심의 휴식 문화인 것이다.

내 후배 K는 대기업 부장으로 가족과 함께하는 시간이 늘 부족했다. 그는 휴일에도 일거리를 집에 가져와 하곤 했다.

"당신네 회사는 무슨 일을 그렇게나 시킨대요? 그저 일밖에 모르지요."

"아빠, 우리도 좀 놀러 가고 그래요. 내 친구 명진이네는 일요일마다 놀러 가는데 우리 집은 이게 뭐야?"

아내고 아이들이고 아빠에 대한 불평불만이 연일 끊이지 않았다. 그러다 보니 부부 사이에도, 아이들과도 보이지 않는 벽이 생겼다. 그러자 사소한 일에도 쉽게 부딪치고 문제가 불거지기 시작했다.

그런데 후배는 지혜롭게도 이를 간파하고, 휴식만큼은 철저하게 가족 위주로 보냈다. 후배가 가족을 위해 헌신하는 모습을 보이자 아내도 아이들도 불평이 사라졌다.

사색과 명상의 시간을 가져라

우리는 넘쳐나는 정보의 홍수 속에 살고 있다. 뿐만 아니라 삶의 속도 또한 초스피드로 치닫고 있다. 그로 인해 몸과 마음은 지칠 대로 지쳐 삶의 정체성마저 흔들린다.

친지 중 P라는 이가 있다. 그는 요가를 배워 시간이 날 때마다 요가를 한다. 그러다 가족들에게 자연스럽게 요가를 가르쳐주었고, 아내도 세 아이들도 함께 요가를 즐기게 되었다. 가족이 같은 취미생활을 즐기다 보니 부부간에는 애정이 깊어지고 아빠와 세 아이들 간에도 소통이 잘 이뤄져 행복한 시간을 보내고 있다.

이들 가정처럼 사색과 명상을 통해 지친 몸과 마음속에 쌓인 피로와 묵은 감정의 찌꺼기를 말끔히 비워냄으로써 새로운 에너지를 축적한다면 더욱 효율적인 삶을 즐기게 될 것이다.

단순한 휴식과 놀이가 아닌 의미 있는 시간을 가져라

M이라는 지인이 있다. 그는 휴가를 받으면 가족 모두 봉사활동을 한다. 그는 의미 있는 시간을 갖기 위해 휴가를 봉사활동으로 대신했다. 그가 봉사활동을 해온 지도 벌써 8년째이다. 고등학생이 된 두 아이도 아무 불평 없이 기쁘게 하고 있다. 이러한 휴식 문화는 아이들에게 타인에 대한 배려와 삶에 대한 가치관을 길러주는 좋은 기회가 되어줌으로써 인격형성에 큰 도움을 준다.

창조적이고 생산적인 휴식, 취미생활을 즐겨라

내 제자 C는 30대 중반이다. 그는 휴일만 되면 동호인들과 암벽등반을 한다. 잦은 음주와 흡연으로 심신이 쇠약해진 그는 의사의 권유를 받고 취미활동으로 등반을 시작했다. 처음 얼마간은 매우 힘들어했는데 지금은 몸과 마음이 많이 강건해졌다.

"자네 요즘 아주 건강해 보이는구먼."

"네, 선생님. 몸이 너무 건강해서 힘이 남아돕니다."

"그래? 몸이 건강하다니 보기 좋구나. 앞으로도 열심히 하게."

"네, 선생님."

몸이 골골하던 제자가 그렇게나 몸이 좋아진 걸 보니 기분이 좋았다.

"현대인은 여가를 두려워한다. 여가는 자기와 대결을 강요하기 때문이다. 하지만 여가를 통해 사람들은 지적으로 창조된다."

이는 영국의 미래역사학자인 아놀드 토인비가 그의 저서 《미래를 사는 지혜》에서 주장한 말이다. 토인비의 말은 창조적인 미래를 살아가기 위해서는 여가를 생산적으로 잘 활용해서 그에 맞게 자신을 창조적으로 이끌어내야 함을 뜻한다.

사람은 일만 하고는 살 수 없다. 때때로 '마음의 쉼표'를 찍어야 한다. 마음의 쉼표를 찍음으로 해서 생산적이고 창조적인 마인드를 축적해야 한다.

특히 30대는 어느 때보다도 할 일이 많은 시기이다. 누군가에게는 회사에 갓 들어가 일을 배우는 시기이고, 또 누군가에게는 중견 사원으로 가는 길목에서 한창 일의 탄력을 붙여야 할 때다. 이런 중요한 시기에 자칫하면 몸을 상할 수도 있다. 이럴 때 더욱 창조적이고 생산적인 휴식 문화를 즐길 필요가 있다.

술을 안 먹을 수는 없다. 그러나 기분 좋을 만큼, 사람들과 소통을 즐길 만큼만 마셔라. 절제하지 못하고 술을 먹는 30대들을 보면 걱정이 앞선다. 과유불급이라 했다. 모든 것은 적당한 게 좋다. 술도 적당히 마시면 보약이 된다. 하지만 담배는 피우지 않는 게 좋다. 흡연은 자신에게도 안 좋고 남들에게도 안 좋다. 그야말로 백해무익한 것이 담배다.

건전한 음주 문화와 금연 문화는 몸과 마음을 강건하게 한다.

휴식은 안식이며, 창조를 위한 기회이며, 지금의 자신을 돌아보게 하는 삶의 거울이며, 현대인들에게 있어 '삶의 필수아미노산'과 같은 것이다.

똑똑하게 휴식하라.

아무리 좋은 기계도 때가 되면 쉬게 해주어야 한다. 그러지 않으면 작동을 멈추는 일이 생긴다. 장거리 여행을 할 때 자동차도 틈틈이 쉬게 해야 한다. 기계나 자동차도 쉬게 해야 뒤탈이 없듯 사람 또한 휴식이 필요하다. 사람의 몸은 생리적으로 잘 때 자고 쉴 때 쉬어야 한다. 그러지 않으면 자동차 엔진이 과열을 일으키는 것처럼 몸에 치명상을 줄 수 있다. 그렇기 때문에 휴식할 땐 철저하게 휴식하여 몸과 마음에 쌓인 피로의 노폐물을 말끔히 씻어내야 한다. 여기서 확실히 할 게 있다. 휴식은 그냥 먹고 노는 것이 아니라는 것이다. 휴식은 삶을 재충전시키는 회복의 시간이다. 즉 몸과 마음에 새로운 에너지를 갈아주고 일보전진을 위한 에너지를 축적하는 '라이프 골드타임'이다.

06

인생의 마시멜로,
인연을
소중히 하라

감성 경영이니 감성적 소통이니 하는 말이 있다. 이 말은 감성 마인드로 상대를 감동시키라는 것이다. 감동을 한 사람은 자신에게 감동을 선물한 사람을 잊지 못한다. 그래서 그에게 무언가를 보답해주고 싶어 한다. 이러한 심리를 잘 적용시킨다면 자신이 얻고자 하는 것을 성취함은 물론 그와의 끈끈한 인간관계를 맺음으로 해서 보다 윤택한 삶을 살아가는 데 큰 도움이 된다.

작은 인연도 소중히 여기는 마음으로

나는 작년 2월 어느 날 한 통의 메일을 받았다. 한 출판사에서 보낸 메일이었는데 원고를 청탁한다는 내용이었다. 나는 전화를 걸어 이미 여러 권의 책을 계약해놓은 상황도 상황이려니와 이미 타 출판사에서 같은 주제로 책을 낸지라 정중하게 사양을 하였다. 그랬더니 못내 아쉬워하며 전화를 끊었다.

전화를 끊고 생각하니 너무 미안했다. 내게 전화를 했을 땐 많은 기대를 하고 했을 텐데 들어주지 못해 마치 내가 그를 서운하게 한 것 같다는 생각이 들었다. 그리고 사흘이 지났다. 나는 마침 기획하고 있는 원고가 있어 불현듯 이에 대해 의논을 하고 싶은 마음이 들었다. 나는 곧바로 전화를 했다. 그리고 내가 기획하는 원고에 대해 말했더니 흔쾌히 계약을 하자고 했다. 계약을 하고 나니 그에게 미안했던 마음이 비로소 눈 녹듯 사라졌다.

그리고 보름이 지났을까, 택배를 받았다. 출판사에서 보낸 거였다. 풀어보니 내 작업실 당호를 전각으로 만든 것이었다. 멋스럽고 운치 있었다. 평소에 꼭 갖고 싶어 생각만 하던 차에 뜻밖에 받고 보니 너무 기뻤다. 나는 그에게 고마운 내 마음을 전했다.

그 일이 있고 한 달이 지났을까, 이번에도 그로부터 택배를 받았다. 먼저 것보다 부피가 훨씬 큰 것이었다. 궁금한 마음에 풀어보니 표구가 매우 멋스러운 작품이었다. 너무 좋았다. 전각이나 그림을 좋아하는 나에게 그것은 매우 흐뭇한 선물이었던 것이다. 하지만 한편으로는 과분한 마음이 들었다. 나는 곧바로 전화를 걸었다.

"이렇게 좋은 걸 제가 받아도 될지 모르겠습니다."

"무슨 말씀을요? 제가 해드리고 싶었습니다."

"너무 과분해서 그렇지요."

"아닙니다. 제 마음이 시켜서 그런 거니 마음 쓰지 마세요. 마음에 드신다니 다행입니다."

"그렇게 말씀하시니 기쁘게 잘 간직하겠습니다. 고맙습니다."

나는 기쁜 마음으로 전화를 끊었다. 그를 안 지 얼마 되지 않았지만 그는 나와의 소통을 진정으로 원한다는 걸 알 수 있었다. 즉 그것은 나와의 인연을 소중히 하겠다는 의미이다. 그는 요즘의 보통 사람들과는 다른 마인드를 갖고 있는 듯했다. 나는 그의 진정성을 알고 나서 매우 흐뭇하고 기분이 좋았다. 그는 출판사 〈북씽크〉의 강나루 고문이다.

유월 초 통장을 확인하다 보니 모 출판사에서 50만 원이 입금이 되어 있었다. 먼젓번 인세는 이미 받았는데 아무리 생각해도 어떤 목적으로 입금을 했는지 알고 싶어 전화를 걸어 무슨 돈이냐고 물어보았다. 그랬더니 출판사 대표는 웃으며 이렇게 말했다.

"저, 날씨도 무덥고 해서 선생님 보양식이라도 해 드시라고 약소하지만 보내드렸습니다. 드시고 싶은 것 해 드십시오."

"나야 좋지만 그냥 받아도 될지 모르겠군요."

나는 그의 호의가 너무 고마워 이렇게 말했다.

"무슨 말씀이세요. 제가 선생님께 받는 은혜를 생각하면 아무것도 아닙니다. 저도 지금 상황이 그리 좋지 않아 더 해드리지 못해 송구할 따름입니다. 선생님이 건강하셔야지요. 선생님, 건강하셔서 좋은 글 많이 쓰세요."

"그렇게까지 날 생각해주다니 고마워요. 이번 여름은 아주 즐겁게 보낼 것 같군요."

"네, 선생님. 그렇게 말씀해주셔서 감사합니다."

그와 전화를 끊고 한동안 마음이 따뜻했다.

인연의 소중함을 알고 두 사람이 내게 보여준 행동은 완전 감동 그 자체였다. 지금도 그 생각을 하면 내 가슴은 따뜻해져오며 입가엔 웃음꽃이 피곤 한다.

늘 감사하는 태도가 소중한 관계를 만든다

요즘 젊은이들은 물론 인생을 알 만한 나이의 사람들 중에도 인연을 헌신짝 버리듯 하는 경우가 많음을 볼 수 있다. 자신의 이익을 위해서 간이라도 떼어줄 듯 갖은 말로 입에 혀같이 굴다가도, 자신의 목적이 이루어지면 언제 보았지, 하는 식으로 가차 없이 외면한다.

나는 모든 것을 긍정적으로 바라본다. 아무리 힘든 상황에서도 '내일은 잘될 거야. 그러니 참고 견뎌내자'라며 스스로에게 용기를 심어준다. 이런 마인드를 갖다 보니 내가 도움을 줄 만한 사람이 있으면 작은 힘이라도 보태주고 싶다. 내가 누군가를 도와줌으로써 나에게 어떤 대가가 주어지지 않는다고 할지라도 그저 내가 좋아서 하는 것이기에 내 마음이 시키는 대로 즐겨 한다.

또한 그렇게 하면 내가 힘들 때 '나도 누군가로부터 도움을 받을 수 있겠지'라는 마음으로 선善을 저축하는 것이다. 선을 많이 저축해놓으면 저축해놓을수록 내 마음은 그만큼 풍요로울 수 있을 테니까.

그런데 가끔은 이런 내 마음에도 이건 아닌데 하는 경우가 있다. 그럴 땐 내 순수성이 더럽혀진 것 같아 한동안 마음이 씁쓸하다. 그에 대한 이야기이다.

나는 글을 쓰는 작가로서 책을 내는 게 힘들다는 걸 잘 안다. 나에게는 원고 청탁을 하는 출판사들이 있어 참 고맙다. 이렇게 되기까지에는 많은 노력이 있었다. 노력은 사람을 배신하지 않는다는 것을 절실히 느끼며 내 자신이 고마울 때가 있다. 모두가 고맙고 감사할 따름이다.

등단을 한 지 얼마 되지 않은 신인 작가들이 책을 내기란 참 어렵다. 등단은 했지만 책을 내서 독자로부터 검증을 받지 않은 관계로 출판사에서 꺼리기 때문이다. 중견 작가들은 형편이 좀 나은 편이나 그렇다고 크게 다를 바는 없다.(물론 잘나가는 몸값 비싼 작가들도 있지만 이는 손가락에 꼽을 정도이고, 그보다는 좀 못하지만 자신의 길을 확고히 가는 작가들도 있다. 하지만 이들 역시 많은 숫자는 아닌 것이 우리의 현실이다.)

상황이 이렇고 보니 요즘처럼 책이 잘 안 팔리는 열악한 출판 시장에서 책을 내기란 그리 만만치가 않다.

이를 잘 아는 나는 책을 내고 싶지만 형편이 안 되는 이들을 주선하여 책을 내게 하곤 했다. 그렇다고 해서 쓴 커피 한잔 얻어먹은 적도 없다. 오히려 내가 격려하며 밥도 사고 커피도 사곤 했다. 그런데 막상 책을 내고 나면 기쁜 마음보다는 허탈한 마음이 들곤 했다.

내가 허탈해하는 것은 그들에게 무엇을 못 받아서가 아니다. 그들의 태도 때문이다. 책이 나오면 책이라도 보내주고, 빈말이라도 고맙다는 전화 한 통 할 법한데 아무 소식이 없는 것이다. 그리고 어떤 이는 나한테 한 마디 말도 없이 출판사와 다음 책을 내는 경우도 있다. 사전에 나한테 한 마디라도 하면 잘했다고 격려라도 해줄 텐데 나중에서야 알고 나니 심한 배신감이 치밀어 오른다. 인간관계를 어떻게 그런 식으로 할 수 있는지 내 상식으로는 도무지 이해가 가지 않는다. 그것은 자신에게 작은 도움이라도 준 사람에 대한 예의가 아닐진대, 그런 상식조차도 없는 행동을 한다는 것은 소중한 인연을 아주 함부로 여기지 않고서야 도저히 할 수 없는 일이다.

또 심한 대인 경계병에 빠진 사람도 있다. 도움이라도 주고 싶어 전화를 걸어 용건을 얘기하면 "아, 그래요? 감사합니다. 제가 잘할 수 있을지 모르겠지만 누가 되지 않게 해보겠습니다"라고 말하지는 못할망정 "제가요? 글쎄요. 처음 듣는 얘기라. 제가 꼭 해야 하나요?" 하고 도리어 반문을 한다. 이럴 땐 공연한 짓을 했구나, 하는 생각이 들어 씁쓸하다.

왜 남의 선의善意를 그처럼 성의 없이 받아들이는지 모르겠다. 이 모든 것이 소통의 문제라고 생각한다. 잘못된 소통은 자신은 물론 상대에게 상처를 남긴다.

사람 사이의 인연은 인생을 빛나게 하는 보석이다

나는 남을 추천하는 것을 참 좋아한다. 내가 이런 마인드를 갖게 된 것은 소년 시절 미국 선교사의 영향 때문이다. 선교사는 작은 도움이라도 주고 싶어 가난한 학생을 돈 있는 신자信者와 결연을 맺게 해주고, 장학금을 받을 수 있도록 적극 주선하였다. 그 모습이 어린 내게도 어찌나 아름답고 순수해 보이던지 나도 어른이 되면 선교사처럼 하겠다고 결심을 했었다.

그리고 어른이 되어 내 힘이 미치는 범위에서 나도 선교사처럼 추천하고 주선하는 일을 실천해왔던 것이다.

인연은 아주 소중한 것이다. 인연을 함부로 여기는 사람은 두 번 다시 연을 맺고 싶은 마음이 없다. 그런 사람들은 인연의 소중함은 물론 인연의 가치를 헌신짝처럼 여기는 까닭에 더 이상 상대하지 않는 것이 좋다.

본격 인생의 출발점에서 스타트를 하고 자신이 맡은 영역에서 한창 꿈을 키우는 30대에게 권고하는 바, 자신이 만나는 이들을 소홀히 여겨서는 안 된다. 그들은 모두 자신이 하기에 따라 소중한 인연이 될 수도 있기 때문이다. 그런데 하찮게 여겨 함부로 대하거나 그들의 관심을 뿌리친다면 자신에게 돌아오는 것은 허탈감과 씁쓸함뿐이다.

당부하건대 누군가에게 소중한 인연이 되고, 인연을 소중히 여기는 사람이 돼라. 그리고 만나는 사람들에게 감동을 주어라. 감동은 사람과의 관계를 따뜻하고 아름답게 이어주는 인연의 고리이다. 인연은 다이아몬드보다 빛나는 '인생의 보석'이다.

Tip
Life Point

사람은 혼자서는 살 수 없는 존재다. 하나님께서는 인류를 창조할 당시 더불어 살아가도록 했던 것이다. 더불어 살아간다는 것은 타인과 함께하는 마음이 있을 때만이 가능하다. 그만큼 더불어 살아간다는 것은 아름답고 소중한 일이다. 사람과 사람이 만나는 것은 인연이 작용하기 때문이다. '나와 너', '너와 나'는 인연의 끈이 작용할 때만이 맺어지는 것이다. 이렇게 해서 맺어진 인연을 소중하게 여기면 서로에게 좋은 에너지가 작동하게 된다. 그래서 서로를 잘되게 하고, 아름다운 관계를 이어나간다. 인연은 인간관계를 소중하게 하는 '소통의 다이아몬드'이다. 인연을 소중히 하라. 인연을 소중히 여기는 자에게 삶은 아낌없는 사랑을 선물할 것이다.

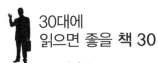

03

Chapter

성공한 사람들의
7가지 성공 마인드

01

성공한 사람들의 7가지 성공 마인드

인생을 성공적으로 살아낸 사람들을 보면 몇 가지 특징이 있다. 이는 동서고금을 막론하고 대개 비슷하다. 환경이 다르고, 인종이 다르고, 살았던 시대가 다르고, 배움이 다르고, 신분이 다르고, 전통이 달라도 이상하게도 삶의 가치와 살아가는 방법은 같다.

인간의 삶이란 결국 인간들에 의해 만들어지는 것이기에 그렇다는 생각이 든다. 그러한 관점에서 이를 살펴보는 것도 이제 막 자신의 일을 시작했거나 찾고 있는 30대들이 인생을 살아가는 데 많은 도움이 되리라 믿는다. 성공적인 삶을 살아간 사람들의 공통점은 이러하다.

그들은 자신만을 위해 성공하지 않았다

성공한 인생들은 자신의 성공을 자신의 것으로만 여기지 않고, 자신이 쌓아올린 부와 삶의 가치를 타인들을 위해 사용한다.

건강한 아이를 낳든,
한 뙈기의 정원을 가꾸든,
사회 환경을 개선하든 간에
세상을, 자기가 태어나기 전보다
조금이라도 더 살기 좋은 곳으로 만드는 것.

자신이 살았었기에
단 한 사람이라도 좀 더 마음놓고 살아간다는 사실을 아는 것.

이것이 성공이다.

이는 미국의 시인이자 사상가인 랠프 월도 에머슨의 〈성공이란〉 시의 일부이다. 에머슨은 성공의 개념을 이 시구에서 볼 수 있듯 '세상을, 자기가 태어나기 전보다/조금이라도 더 살기 좋은 곳으로 만드는 것//자신이 살았었기에/단 한 사람이라도 좀 더 마음놓고 살아간다는 사실을 아는 것//이것이 성공이다'라고 정의했다. 이것이 바로 성공한 인생들이 갖는 '성공'이란 개념이다.

미국 사회에 자선慈善의 뿌리를 내리게 한 1세대인 앤드류 카네기, 존 D. 록펠러 등은 자신의 성공을 타인과 사회와 함께하였다.

생각해보라. 힘들게 번 돈을 아무런 대가성도 없이 내놓는다는 것이 얼마나 어려운 일인가를. 하지만 그들은 실천으로 옮겼던 것이다.

그후 미국 사회는 자선을 당연한 것으로 여기게 되었고, 이제는 그것을 의무감처럼 여기고 있다. 빌 게이츠나, 워렌 버핏을 비롯한 많은 부자들이 솔선수범하여 자선에 힘쓰는 것은 그들이 돈의 가치를 제대로 알고 있음을 말해주는 것이다.

대가를 바라거나 자신만을 위하는 성공은 성공이 아니다. 진정한 성공은 자신의 성공을 다른 이들을 위해, 사회를 위해 나누는 것이다.

그들은 자기만의 독특한 아이디어가 있었다

에디슨은 천 가지가 넘는 발명품을 탄생시킨 신화와 같은 존재다. 오늘날 그의 발명품이 아닌 것이 거의 없을 정도로 그는 인류 발전에 이바지한 사람이다.

그는 늘 생각했고, 하루의 일상이 생각으로 시작해서 생각으로 이어졌다. 그런 그의 생각은 남들이 감히 흉내 낼 수 없는 독특한 아이디어를 생산해냈고, 그는 인류 역사상 최고의 발명가가 되었다.

스티브 잡스는 끝없이 상상하고 자신을 새롭게 혁신하는 데 늘 고심하고 연구하였다. 그의 혁신적인 생각은 세상을 바꾸는 데 크게 기여하였다. 또한 그에게 명성과 막대한 부를 안겨주었다.

벤저민 프랭클린, 벨, 뉴턴, 아인슈타인, 벤츠, 노벨, 스티븐 스필버

그, 인드라 누이 같은 이들 역시 자신만의 독특한 아이디어로 자신이 태어나기 전보다 더 나은 사회를 만든 사람들이다.

그들은 자신만의 신념이 확고하다

갈릴레이는 지구가 돈다는 지동설을 주창한 과학자로 유명하다. 그는 자신의 목숨이 왔다 갔다 하는 법정을 나서면서도 '지구는 돈다'는 과학적 신념을 굽히지 않았고, 오늘날 그의 이론은 푸릇푸릇 살아 있다.

우리나라의 대표적인 신념가는 세종대왕이다. 세종은 뿌리 깊은 양반사회의 권위의식을 뿌리치고, 장영실 같은 천민에게 자신의 재능을 살릴 수 있는 기회를 주고 벼슬을 내려 인간답게 살아가도록 했다. 또한 가장 민감한 사안이었던 훈민정음 창제에 있어서도 자신의 신념대로 실천하여 새로운 한글을 뿌리내리게 함으로써 후손들에게 자긍심을 남겨주었다.

신념은 흔들리지 않는 마음의 중심을 말한다. 신념이 강한 사람이 최악의 상황에서도 자신의 일을 끝까지 해낼 수 있는 것은 신념이 확고하기 때문이다.

만일 자신의 신념이 약하다고 생각한다면 그대로 방치하면 안 된다. 그것은 자신을 소멸시키는 것과 같다. 자신을 소멸시키는 것처럼 못난 일은 없다. 자신이 못난 인생이 되지 않기 위해서는 신념을 강화시켜야 한다. 강한 신념은 무형의 자산과도 같고, 뛰어난 재능보다도 더 소중한 것이다.

그들은 목적의식이 뚜렷하다

목적을 이루겠다는 의식이 확고하지 않으면 목적을 이루기가 힘들다. 그것은 마치 허공에 나무를 심는 것과 같다. 목적의식은 자신이 하는 일에 있어 방향을 잡아주는 이정표인 동시에 목표를 이루게 하는 멘탈 에너지이다.

그런데 목적의식 없이 하루하루를 보낸다면 어떻게 될까? 그것은 살아도 죽은 목숨과도 같다. 뚜렷한 목적의식을 갖게 되면 마음자세가 달라지고 눈에서 빛이 난다. 무엇인가를 이루겠다는 목표가 정해졌기 때문이다. 성공한 사람들이 성공할 수 있었던 것은 목적의식이 늘 스스로를 이끌었기 때문이다. 모든 성공은 확고한 목적의식에서 온다.

그들은 길이 아니면 가지 않았다

우리나라 역사상 길이 아니면 절대 가지 않았던 대표적인 사람은 정몽주, 김종직, 이순신 같은 사람들이다.

정몽주는 이방원의 집요하고 끈질긴 회유에도 결단코 자신의 신념을 굽히지 않았고, 죽음으로써 자신의 신념을 완성시켰다.

영남학파의 종조인 김종직은 뛰어난 실력을 갖춘 특출한 인재였다. 그는 성종의 총애를 한 몸에 받으며 개혁을 하는 데 앞장섰고, 실력 있는 많은 제자들을 길러내 나라의 동량이 되게 하였다. 또한 그는 낡고 썩어빠진 훈구파 세력들을 정화하는 데 힘을 쏟아 임금과 백성을 위해 최선의 삶을 살았다. 그리고 그는 단종을 폐위시키고 왕이 된 세조의 그릇된 행위를 강력하게 비판하는 조위제문을 지어 부관참시를 당한 지조와 절개의 표상이기도 하다.

이순신은 풍전등화와 같은 나라를 위기에서 구하고 자신의 목숨을 초개같이 던진 만고의 충신이다. 자신을 서운하게 했던 선조나 간신배들의 농간에도 결코 주눅 들지 않고 오직 나라와 백성만을 생각한 신념의 소유자였다.

30대들 중에는 그것이 옳지 않다는 것을 알면서도 그 길을 가는 이들이 있다. 그런 길은 보기는 좋지만 자신을 인생의 함정에 빠트리게 함으로써 실패한 인생으로 전락시킨다. 카지노를 배회하고, 게임에 빠져 시간 가는 줄 모르고, 경마장에서 마권을 구입하여 한방을 노리는 것은 스스로를 불행으로 이끄는 우매함이다. 그런 길은 길이 아니다. 젊음을 소진시키고 꿈을 파괴시키는 파괴자와 같다. 스스로를 파탄시키는 그 어떤 길도 절대 가지 마라.

그들은 늘 공부하고 연구하였다

성공한 인생들은 대부분이 독서가였다. 그들이 독서가인 데는 그만한 이유가 있었다. 그들은 남이 고생고생하고 터득한 지혜를 책을 통해서 습득한 것이다. 또한 많은 지식과 정보를 책에서 찾고자 함이었다. 독서가 주는 매력은 참 대단하다.

논어에 이런 말이 나온다.

"나이 열다섯 살이면 학문에 뜻을 두고, 나이 서른이면 지식과 학문이 깊어져 지조가 굳어지고, 나이 마흔이면 입지가 달성된 후라 흔들리지 아니하고, 나이 오십이면 하늘의 뜻에 따를 수 있어야 한다."

이 말이 뜻하는 것은 끊임없이 공부함으로써 세상의 이치를 깨치고, 그 깨우침에 맞게 살아야 한다는 것이다. 이것이 평생토록 공부를 해야 하는 이유이다.

그런데 공부하지 않는 30대들이 많다. 일 년이 다 지나도록 변변한 책 한 권도 안 보는 이들이 수두룩하다고 한다. 그런데 어떻게 잘되기를 바랄 수 있을까. 그것은 사과나무 아래에서 사과가 떨어지기를 기다리는 것보다도 어리석은 일이다.

살아 있는 동안 평생을 하는 것이 공부다. 공부를 게을리하는 것은 자신을 방치하는 일이다. 널린 게 책이다. 자신이 지금과는 다른 삶을 살고 싶다면 당장 책을 집어 들어라. 책을 읽는 숫자만큼 자신의 인생은 변화를 가져올 것이다.

그들은 실패를 두려워하지 않았다

미국 NBA의 영원한 전설, 농구의 황제라는 최고의 격찬을 받은 마이클 조던을 보자. 그가 농구의 황제가 되기까지는 피눈물 나는 연습이 있었다.

그 역시 사람이기에 실패를 피할 수 없었다. 그러나 그는 실패를 두려워하지 않았다. 실패는 살다 보면 당연히 하게 되는 시행착오의 결과물로 여겼다. 그는 실패를 극복하는 길은 오직 연습뿐이라고 생각했다. 그는 매일 팔이 아프도록 공을 던졌고, 그 결과 최고의 선수가 될 수 있었다. 그의 노력은 결코 헛되지 않았다. 실패를 딛고 최고가 되었던 것이다.

실패를 극복한 대표적인 인물인 프랭클린 루스벨트를 보자. 그는 미국 최초의 4선 대통령이다. 그러나 그렇게 되기까지에는 수많은 실패가 있었다. 그는 그의 말대로 일곱 번 넘어지고 여덟 번째에 일어섰던 것이다.

사람들이 흔히 하는 오해가 성공한 사람들은 처음부터 잘된 줄로 안다는 것이다. 그러나 실상은 누구보다도 실패를 더 많이 했다. 그러나 그들이 대개의 사람들과 달랐던 것은 실패를 극복하려는 의지와 자세였다. 그들은 수많은 실패 끝에 성공에 이른 것이다. 그들에게 있어 실패는 삶의 비타민이었다.

이상에서 보듯 성공적인 인생을 살았던 사람들은 하나같이 위의 7가지 중 어느 하나의 범주에 속하는 삶을 살았다는 것을 알 수 있다. 이처럼 성공한 인생들은 하나같이 타인들을 생각했고, 나아가서는 인류를 위해 살았던 것이다. 또 확고한 목적의식을 갖고 실패를 두려워하지 않고 끊임없이 공부하고 노력하였다.

현대사회는 매우 복잡하게 얽힌 다중사회, 다변화된 사회다. 이와 같이 복잡 미묘한 사회에서 자신의 뜻을 이루려면 허투루 살아서는 안 된다는 것을 명심해야 한다.

나아가 자신의 성공을 남들에게 나누어주어 그들도 잘되게 할 때 그것이야말로 진정한 성공이다. 이를 가슴 깊이 새겨 실천한다면 성공은 손을 흔들며 반드시 찾아올 것이다.

Tip
Life Point

정도에서 벗어나는 것은 자신의 삶에 치명적인 오류를 불러온다. 하지만 자신의 뜻을 이루기 위해 간과 쓸개를 빼주는 것은 일종의 처세술이다. 성공한 사람들 중에 이런 마인드를 가진 사람이 의외로 많다. 그런데 그들은 성공 뒤에는 반드시 자신이 받은 것 중 일부를 사회에 되돌려주었다. 그러나 반면에 자신의 것을 자신만의 것이라고 여기는 사람들이 몇 배는 더 많다. 물론 자신이 이룬 것이니 당연하다는 생각이다. 하지만 이런 마인드는 진정한 성공의 가치와는 거리감이 있다. 모든 성공 뒤에는 성공하는 데 있어 배경이 되어준 것들이 있다. 이것을 잊어서는 안 될 것이다. 성공한 사람들은 늘 공부하고, 실패를 두려워하지 않았으며, 길이 아니면 가지 않았다. 또한 확고한 신념과 자신만의 아이디어를 갖고 있었다. 어떤 성공도 그냥 이루어지는 것은 없다. 거기에는 그만한 대가가 주어져야 한다. 모든 성공은 성공의 대가를 치르고 얻어낸 결과물인 것이다.

웃음은
긍정을 심어주는
행복의 에너지다

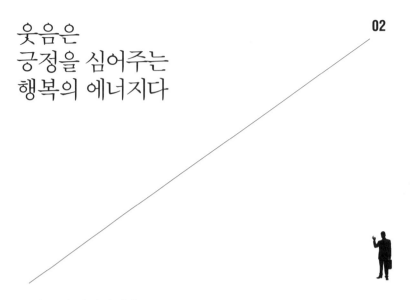

02

"웃으면 복이 온다."

이는 우리나라 속담인데 살아가는 데 있어 웃음이 매우 효과적이라는 것을 의미한다고 하겠다.

사실 잘 웃는 사람은 거부감을 주지 않는다. 그런 사람은 마음이 푸근하고 어딘가 넉넉해 보이기 때문이다. 그러나 잘 웃지 않는 사람은 조심스럽다. 더구나 입을 꾹 다물고 있으면 더더욱 조심스럽다. 이렇듯 웃음이 사람들에게 주는 의미는 매우 크다.

웃음은 인간관계를 부드럽고 따뜻하게 이어주는 '소통의 윤활유'이다. 그만큼 웃음이 인간관계에서 중요하다는 것이다. 그래서일까, 잘 웃는 사람이 소통 능력이 뛰어나다. 웃음은 단순한 웃음이 아니다. 웃음은 그 사람의 능력까지도 가늠하게 하는, 그 사람을 평가하는 데까지 영향을 끼치는 매우 중요한 요소인 것이다.

웃음이 사랑스러운 그녀

탤런트 김하늘을 보자.

나는 그녀의 탤런트적인 재능이나 미모에 대해 여타의 사람들이 생각하는 것처럼 생각하지 않았다. 말하자면 많은 탤런트 중의 그냥 한 사람으로 생각했을 뿐이다. 그녀가 출연한 영화나 드라마 중에 제대로 본 것은 하나도 없다. 그런데 그녀의 매력에 푹 빠지고 말았다.

어느 날 우연히 SBS 주말드라마 〈신사의 품격〉을 보게 되었다. 그녀가 드라마에서 장동건(김도진 역)과 티격태격하는 모습에서 그녀의 풋풋하고 사랑스러운 모습에 그만 '아, 내가 이제껏 왜 그녀의 진가를 몰라봤을까' 하는 생각이 스쳐 지나갔다. 그녀의 연기는 리얼리티 그 자체였다. 연기가 아주 자연스러웠다. 문장으로 치자면 군더더기 없는 깔끔하고 간결한 문장이라고나 할까, 아무튼 내 시선을 붙잡아둘 만큼 그녀의 연기는 실감났다. 남자라면 한 번쯤 사랑하고 싶은 여자다.

나는 역사 드라마나 시대극, 다큐멘터리를 즐겨 본다. 그런데 그녀 때문에 한동안 〈신사의 품격〉을 보는 재미에 흠뻑 빠져 지냈다. 완전히 그녀 때문이다.

그녀의 해맑은 웃음, 리얼리티 그 자체인 연기, 서글서글한 눈매, 복스러우면서도 예쁜 미모는 뭇 남성들의 마음을 설레게 하기에 조금도 부족함이 없다. 왜 사람들이 '김하늘, 김하늘' 하는지 알 것 같다. 그녀에게는 사람을 잡아끄는 향기가 있다. 그녀는 향기로 치자면 허브 향과 같은 여자다.

밝은 미소가 긍정적인 힘을 준다

언젠가 아이 옷을 선물할 일이 있어 아동복 코너에 간 적이 있다. 내가 문을 열고 들어갔지만 주인 여자는 "어서 오세요"라는 말도 없이 나를 빤히 쳐다보았다. 주인 여자는 30대 후반쯤 되어 보였는데 고객을 대하는 태도가 좋지 않았다. 매우 언짢아 그냥 나오려고 했지만, 진열해놓은 옷이 마음에 들어 눈길이 갔다.

나는 아동 옷을 사본 지 하도 오래되어 이것저것 물어보자 여자는 귀찮다는 듯 성의 없이 설명하였다. 그 모습에 은근히 화가 치밀어 올라 뭐라고 따끔하게 충고를 하려다 그만두었다. 물건을 안 사면 그뿐이라는 생각에서였다. 나는 더 이상 그곳에 있기 싫어 밖으로 나와 다른 가게로 들어갔다.

그런데 이번에는 완전 딴판이었다. 너무 지나칠 정도로 웃음이 많고 친절해 거북할 정도였다. 그래도 조금 전의 여자보다는 백 번 천 번 나았다. 나는 마침 괜찮은 옷이 있어 포장을 해달라고 했다.

밖으로 나오는데 주인 여자는 문밖에까지 나와 미소 지으며 인사를 하였다. 주인 여자의 맑은 웃음과 친절함에 첫 번째 가게 여자에게서 받은 언짢은 기분이 말끔히 가시고 말았다.

얼굴이 밝지 못한 첫 번째 가게 여자는 찾아온 손님도 놓치고 만 반면 두 번째 여자는 잘 웃고 친절하여 어부지리로 옷을 팔았던 것이다. 손님은 왕이라는 말도 있지 않은가. 손님 없는 가게가 무슨 소용이라는 말인가.

첫 번째 가게 여자는 손님을 대하는 법부터 다시 배워야 한다. 그러지 않으면 머지않아 문을 닫게 될지도 모른다.

"웃지 않는 사람은 가게를 하지 마라."

이는 중국 속담이다. 웃음의 중요성에 대해 함축적으로 잘 표현한 말이다. 실제로 잘되는 가게와 그렇지 않은 가게를 조사해본 결과 잘 웃는 사람이 하는 가게는 잘 운영되지만, 주인이 잘 웃지 않는 가게는 운영하는 데 있어 어려움이 많다고 한다.

찡그린 얼굴 또한 상대방의 기분을 해치는 공해다.

나는 어떤 사람인지 한번 생각해보라.

웃음은 삶을 변화시킨다

"행복해서 웃는 것이 아니라 웃으니까 행복한 것이다."

이는 미국의 하버드 대학교 교수이자 저명한 심리학자인 윌리엄 제임스가 한 말이다. 윌리엄 제임스의 말처럼 행복의 본질은 즐거움에 있고, 즐겁다 보면 웃게 된다.

웃음 치료법이라는 게 있다. 깊은 병에 걸린 사람들에게 웃음 치료법을 시도했더니 놀라운 결과가 나타났다는 의학계의 보고를 읽은 적이 있다.

웃게 되면 수많은 근육이 움직이며 엔도르핀이 발생한다. 이것이 나쁜 세포를 파괴하고 번식을 막는 것이다. 그렇다면 왜 이런 현상이 나타나는 것일까. 그것은 웃음 속에는 긍정의 에너지가 작용을 하기 때문이다. 긍정의 에너지는 불가능한 것도 가능하게 하고, 부정적인 생각도 능동적으로 변화시킨다. 이를 보더라도 웃음이 얼마나 중요한지 잘 알았을 것이다.

그러나 이를 알고도 행하지 않는다면 아무런 의미도 없다. 웃음 속에 담긴 긍정의 에너지를 백분 활용하기 위해서는 의도적으로라도 웃어야 한다. 비록 의도적이라 할지라도 자꾸만 웃다 보면 자신도 모르게 늘 웃고 있는 자신을 발견하게 될 것이다.

이와 반대로 화를 내면 되는 일까지 막아버린다. 화는 삶을 부패시키는 독毒이다. 그런데 화가 주는 악영향에 대해서는 잘 인식하지 못하는 것 같다. 화가 나면 화가 주는 나쁜 기에 눌려 이성을 잃어버리기 때문이다. 화 때문에 평생 공을 들인 일도 한순간 와르르 무너지고 만다. 역사적으로나 현실에 있어 화를 참지 못해 삶을 망치는 일이 다반사이다. 화는 인간관계에 있어서 백해무익할 뿐이다.

화가 날 땐 열을 세어라. 그래도 안 되면 스물을 세어라. 그래도 참지 못하겠으면 백을 세어라. 그렇게 하다 보면 화를 가라앉히는 데 효과를 보이게 된다.

웃음으로 자신의 인생을 멋지게 바꿔보자.

잘 웃게 되면 얼굴 구조가 바뀐다고 한다. 잦은 근육의 수축으로 인해 웃는 얼굴이 되어 살짝만 웃어도 크게 웃는 것처럼 보여 사람들에게 좋은 이미지를 심어준다. 좋은 이미지를 준다는 것은 자신을 상대방에게 각인시킴으로써 원만한 소통에 있어 유리한 고지를 점하는 것과 같다.

웃음은 참 좋은 인생의 보약이다. 잘 웃으면 건강에도 좋고, 삶도 막힘 없이 잘 진행된다.

허브 향처럼 향기로운 사람이 되어라.

마음껏 크게 웃어라.

생각지도 못한 일이 넝쿨째로 굴러들어오는 경험을 하게 될 것이다.

Tip
Life Point

영화배우 이병헌의 활짝 웃는 모습은 같은 남자가 봐도 상큼하고 시원하다. 그런 웃음은 아무리 봐도 질리지가 않는다. 마치 삶의 청량제와 같아 자꾸만 보고 싶어진다. 웃음은 사람을 기분 좋게 하는 삶의 묘약이다. 그래서 잘 웃는 사람은 허브처럼 상큼하다. 하지만 매사에 찌푸리는 사람을 보고 있으면, 보고 있는 사람들까지 기분이 상한다. 자신이 잘 웃지 않는다고 생각한다면 그 어떤 사업도 벌이지 마라. 벌이는 순간 쪽박 차기 십상이다. 잘 웃는 사람이 일도 잘하고 사랑도 잘하고 사업수단도 좋다. 웃어라, 이왕이면 활짝 웃어라. 상큼한 웃음은 그것만으로도 능력 있는 사람이 되게 한다.

03

나를
망치게 하는 허세와
허영심의 쓰레기

프랑스 단편 소설의 대가인 모파상의 대표적인 소설 《목걸이》는 쓸데없는 허영심이 어떻게 한 여자를 초라하게 만드는지, 또 허영심이 삶에 미치는 영향은 어떤지에 대해 잘 보여준다.

소설 속에서 주인공인 마틸드는 허영심으로 가득 찬 여자다. 그런데 그녀의 남편은 하급 공무원으로 그녀의 만족을 채워줄 수 없다. 그러자 마틸드는 삶을 재미없다고 생각한다. 그녀는 늘 상상 속에서 화려한 날을 꿈꾸곤 했다.

그러던 어느 날 문부성 장관이 주최한 파티에 초대되었다.

"아, 무슨 옷을 입고 간담. 입을 만한 옷이 없네."

마틸드는 이렇게 말하며 풀이 죽었다. 그 모습을 보며 남편이 옷을 사 입으라며 돈을 건넸다. 그 돈은 남편이 용돈을 아끼고 모은 것이었다. 마틸드는 웃음꽃을 피우며 옷을 샀다.

그런데 이번엔 마땅한 액세서리가 없다고 불평이었다. 그러나 남편에게는 목걸이를 사줄 돈이 없었다. 그녀는 할 수 없이 부잣집 친구에게 찾아가 목걸이를 빌려 파티에 참석하였다.

마틸드는 신나게 춤을 추며 즐거운 시간을 보내고 집으로 돌아왔다. 그런데 마땅히 있어야 할 목걸이가 없어지고 말았다. 그녀는 걱정스러운 얼굴로 찾아보았지만 목걸이는 그 어디에도 없었다.

마틸드는 목걸이 값을 벌기 위해 파출부 일을 시작하였다. 그러는 동안 10년의 세월이 훌쩍 지나고 말았다. 그녀는 36,000프랑 하는 목걸이를 사서 친구를 찾아가 사실대로 말하고 목걸이를 건네주었다.

"오, 가엾은 마틸드! 그 목걸이는 500프랑인데……."

친구의 말에 마틸드는 허탈했다. 그 사실도 모르고 10년 동안 죽어라 일만 했으니 그 세월이 너무 허무했다. 더구나 지금 그녀의 모습은 초라하고 볼품없는 여자 그 자체였다.

허탈해하는 마틸드의 모습에서 강한 연민이 느껴진다. 그러나 그것은 누구의 탓도 아니다. 오직 허영심에 사로잡힌 그녀의 탓일 뿐이다.

우리 사회에도 제2의 마틸드들이 있다

언젠가 텔레비전을 보다 깜짝 놀랐다. 대학을 나온 멀쩡하게 생긴 여자가 직장 대신 애인 대행 일을 한다고 한다. 인물도 웬만한 탤런트 저리 가라다. 그런데 그 좋은 학벌에 미모에 왜 사회적인 관습에 벗어나는 일을 하는 걸까? 그 이유는 바로 멋지게 살고 싶다는 것이었다. 직장에 다니며 일해야 월급으로 고작 이삼백만 원밖에 못 받아 사고 싶은 것을 못 산다는 것이다. 그런데 애인 대행을 하면 한 번에 웬만한 직장인 한 달 월급이 생긴다는 거다. 또한 운이 좋으면 돈줄을 잡아 한동안 호사를 한다고 했다.

그런데 나를 더 놀라게 한 사실은 그런 여자들 중엔 낮엔 공무원으로 일하는 여자, 교사로 일하는 여자, 일반 직장에서 일하는 여자, 학원 강사를 하는 여자, 심지어는 가정이 있는 미시족도 많다는 것이다. 하도 어이가 없어 잠시 할 말을 잃고 말았다. 나는 순간 그런 생각을 가진 여자들의 뇌를 해부해보고 싶었다. 도대체 어떤 뇌구조를 가졌기에 멀쩡하게 생겨갖고는 그따위 허무맹랑한 생각에 사로잡혀 있는지 알고 싶었다.

인터뷰를 한 여자는 30대 초반의 여자였는데 명품 옷에, 명품 가방, 명품 구두, 명품 목걸이, 명품 반지 등으로 완벽하게 치장하고 있었다. 그녀의 얼굴엔 부끄러운 기색이라고는 눈 씻고 찾아봐도 없었다. 마치 그런 자신을 매우 잘난 여자처럼 생각하는 것 같았다.

이런 여자는 마틸드의 아류라고 할 수 있다. 물론 마틸드는 허영심을 채우기 위해 비도덕적인 일을 벌이지는 않았다. 그런데도 버릴 수 없는 허영심으로 인해 빛나는 20대의 시절을 쓰레기처럼 보내고 말았다.

그런데 웃음을 팔고 몸을 팔아서까지 허영심을 채우는 일부 몰지각한 2, 30대 여자들을 어떻게 봐야 할까. 더구나 그녀들은 윤리니 도덕이니 관습이니 하는 것을 완전히 무시하고 있으니 말이다.

허영심은 자신과 주변을 망치는 독이다

한 가지 이야기를 더 보도록 하자.

H는 소위 일류 대학을 나온 서른세 살의 엘리트이다. 훤칠한 키에 잘생긴 외모로 주변에는 늘 여자가 서성인다. 여자들은 그의 세련된 외모에 반해 그와 친구가 되기를 바란다.

H는 내면적으로나 외적으로 좋은 조건을 가졌음에도 도무지 직장에 다닐 생각을 안 한다. 물론 대학을 졸업하고 대기업에서 2년간 근무한 적이 있지만 더 이상 직장을 다닌 적은 없다. 그는 담당 팀장과 한바탕하고 나서 미련 없이 팀장의 얼굴에 사표를 집어던졌다.

그가 만난 여자들은 대부분 직장을 가지고 있었고, 그에게 용돈을 주고 선물을 하곤 했다. 처음 얼마 동안은 양심의 가책을 느끼기도 했지만, 여자들이 자신에게 그러는 것은 자신을 좋아하기 때문이니 괜찮다는 생각을 했다. 말하자면 스스로를 합리화시킨 것이다. 그러다 보니 여자에게 용돈을 얻어 쓰고 선물을 받고 하는 것이 습관이 되고 말았다. 지금은 오히려 자신이 먼저 용돈을 달라고 한다.

그런데 문제는 여기서 그치지 않는다는 것이다. 그는 용돈이 생기면 마권을 사기도 하고 카지노에 가서 밤을 새곤 한다. 그렇게 해서 어쩌다 목돈이라도 생기면 호기를 부리고 허세를 부린다. 마치 자신이 부잣집 아들인 양 주변 사람들에게 술을 사고 밥을 사고 거들먹거린다. 그리고 돈이 떨어지면 여자에게 손을 내민다. 이런 생활을 3년 가까이 해오고 있다.

H는 무위도식하며 아까운 능력을 쓸데없는 일에 소진하고 있다. 그는

그동안 열 명도 더 되는 여자와 사귀었고, 지금도 여자가 주는 용돈을 받아 쓰고 있다. 집에서는 그에게 빨리 안정적인 직장을 잡아 결혼하라고 성화를 부려도 그는 대답만 할 뿐 여전히 그 생활에서 벗어나지 못한다.

진실한 자신을 찾아라

지금 우리 사회는 무언가 잘못되어가고 있는 게 확실하다. 치졸하고 더러운 자본주의가 낳은 기생충 같은 사람들이 벌이는 일들이 사회 곳곳에서 벌어지고 있는 이 아찔한 현실을 바로잡지 않는다면 '제2의 소돔과 고모라'가 되어 참혹한 일을 겪게 될지도 모른다. 지금 지구 곳곳에서 일어나고 있는 천재지변은 징조가 아주 안 좋다. 서서히 그러나 아주 명확하게 진행되고 있다는 사실에 주목하지 않는다면 지구의 미래는 없다.

하나님께서 언제까지나 인간의 오만함을 봐줄 거라는 착각을 버려야 한다. 하나님의 인내심은 극에 달하고 있다는 사실을 잊어서는 안 된다. 불필요한 쓰레기같이 불의한 일에 오염된 자들을 이 땅에서 말끔히 거둬낼지도 모르기 때문이다.

현실을 직시하는 안목이 절대적으로 필요한 시대가 현대 사회다. 무엇이든 간에 주먹구구식은 쓰레기통에 버려져야 함에도 헛말이나 해대고, 자신을 과시하려고나 하는 머릿속 텅텅 빈 사람들. 대한민국 사회는 그런 사람들을 결코 받아들여서는 안 된다.

아직도 감을 못 잡고 이곳저곳을 기웃거리며 오늘도 허세와 허영에 들떠 있는 사람들은 참으로 미련하고 가련하다.

"인간은 진실에 대해서는 얼음처럼 차나 허위에 대해서는 불처럼 뜨거워진다."

이는 미국 대통령을 지낸 패트릭 헨리가 한 말이다.

그렇다. 인간은 진정성에 대해서는 냉정하다. 하지만 허위에 대해서는 불같이 뜨거워진다. 특히 속 빈 사람들이 그러하다.

지금 우리 사회에는 의외로 이런 청춘들이 많다. 허위로 가득 찬 세상에서 살아남기 위해서는 진실해야 한다. 진실하지 않으면 허위 속에서 휩쓸려 헛된 삶을 살 수밖에 없다.

진정성 있는 사람은 고기를 먹었어도 고기 먹은 티를 안 내는 사람이다. 이런 사람들은 어디를 가도 자신의 본분을 다한다.

왜 그럴까? 진실과 정의로 가득 찬 마인드의 소유자이기 때문이다.

그렇다면 문제는 간단하다. 진정성으로 가득 찬 30대가 되어야 한다. 자신의 있는 그대로를 가감 없이 보여주는 현명함을 가져야 한다.

없다는 것은 조금 불편할 뿐이지 죄는 아니다. 사람이 돈보다 우선이다.

주머니가 가볍다고 올상 짓는 30대여!

자신을 스스로가 못났다고 여기는 30대여!

아무리 자신이 초라해도 초라함을 감추기 위한 허세와 허영심은 버려야 한다. 거짓은 포장할 수 있으나 오래가지 못한다.

그러나 진실은 오래간다. 그래서 진실은 영원히 죽지 않는다.

What is Thirty

Tip
Life Point

진정성 있는 사람과 허위로 가득 찬 사람 중 어느 쪽을 택할 것인가, 하고 묻는다면 물음 자체가 상대방을 조롱하는 소리로 들릴 것이다. 이는 막 걸음마를 배운 아가들도 아는 빤한 사실이기 때문이다. 남자들이 가진 못된 습성 중 하나가 허세다. 이 따위 썩어빠진 허세는 개를 줘도 거들떠보지 않는다. 또한 여자가 가진 못된 습성 중 하나가 허영심이다. 이 허영심을 누르지 못해 하나뿐인 인생을 완전히 불행으로 만든 여자들이 사회를 혼탁하게 만들어버린다. 이는 자신에게나 가족에게나 친구들에게나 주변 사람들에게 피해를 주는 일이다. 이런 생활에서 하루빨리 벗어나야 한다. 인생을 헛되이 보내지 않으려면 오늘 죽는다고 해도 자신의 삶에 진실해야 한다. 진실 끝엔 낙이 오지만 허위 끝엔 참혹한 아픔만 남게 될 것이다.

인정을 베풀면
기쁨이 되어
돌아온다

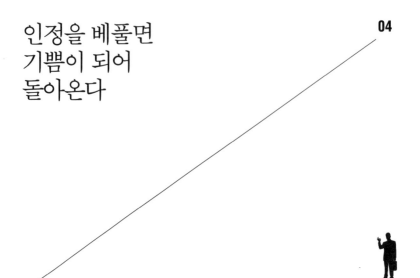

인정이 많은 사람의 얼굴에는 늘 웃음이 배어 있다. 남에게 사랑을 주고 인정을 베풂으로써 늘 기쁨을 안고 살아가기 때문이다.

내가 가진 것을 남에게 줄 때 느끼는 행복의 강도는 받을 때보다도 훨씬 더 크다. 왜 그럴까? 자신의 것을 남에게 주면 마음이 넉넉해지고 풍요로워짐을 느끼게 되고, 이런 넉넉함과 풍요로운 마음이 자신을 긍정적으로 이끌어주기 때문이다. 긍정적인 사람이 자신의 일을 즐겁게 하는 것은 마음이 풍요롭기 때문이다.

그렇기 때문에 인정을 베풀고 사랑을 베풀고 살아야 한다. 인정을 베푸는 것이 한 사람에게 있어 얼마나 소중하고 가치 있는 일인지를 잘 알게 하는 이야기가 있다.

작은 씨앗을 심은 허기복 목사

원주에 밥상공동체라는 단체가 있다. 이 단체에서 하는 일은 독거노인이나 노숙자 같은 사람들에게 따뜻한 밥을 지어 대접하는 것이다. 지금은 너무도 유명한 '사랑의 연탄은행'도 이 단체에서 처음 시작한 것이다.

밥상공동체를 만든 사람은 허기복 목사다. 그는 20대 시절 너무도 가난하여 배고픔 속에서 신학을 공부하였다고 한다. 배고픔의 고통은 그 어떤 고통보다도 크다. 그는 그런 배고픔 속에서도 참고 공부하여 목사가 되었다.

그리고 어느 날 배고픈 사람들을 위해 살기로 결심하고 원주로 갔다. 처음엔 다리 밑에 솥을 걸고 밥을 해서 굶주린 사람들을 대접했다.

"저게 대체 뭐하는 거야?"

사람들은 그를 보고 빈정거렸지만 그는 낮은 자세로 자신의 본분에 최선을 다했다. 그러자 그의 진정성이 널리 알려지며 놀라운 일이 벌어졌다. 여기저기서 많은 사람들이 봉사를 하겠다고 찾아왔던 것이다. 그뿐만 아니라 전국 각지에서 후원금을 보내주었다. 처음 시작은 미약했지만 10년이 지난 지금은 우리나라를 대표하는 봉사단체가 되었다.

어려운 사람을 돌아보는 마음이 참된 행복을 알게 한다

서울 광진구 능동 주민센터에는 방학 때가 되면 돈다발을 건네는 기부천사가 있다고 해서 사람들의 마음을 훈훈하게 하고 있다.

그는 50대의 평범한 복장을 한 남자라고 한다.

어느 날 그는 주민센터 직원에게 신문지에 싼 뭉치를 건네고 급히 사라졌다. 신문지를 펼친 직원은 깜짝 놀랐다. 1만 원 묶음 여섯 다발이 있었던 것이다. 신문지 뭉치를 건네며 남자가 한 말은 "밥 굶는 아이들을 위해 써달라"는 것이었다.

그가 능동 주민센터에 처음 나타난 것은 2011년 몹시 추운 겨울이었다. 그때 남자는 직원을 찾아와 "요즘도 밥 굶는 아이들이 있느냐"고 물었다고 한다. "구청에서 급식을 지원하는 아이들이 있다"고 말하자 그는 방학 동안 굶는 아이들을 위해 써달라며 신문지로 싼 500만 원을 건네고는 비밀로 해달라고 당부하고 사라졌다고 한다. 광진구는 남자의 뜻에 따라 기부금을 사회복지공동모금회에 전달해 결식 아동 40명에게 급식지원비로 쓰고 있다.

한 남자의 선행이 수십 명의 결식 아동들에게 사랑을 주고 꿈을 심어주고 있는 것이다. 자신의 것을 남에게 준다는 것은 쉽지 않다. 그것은 타인을 위하는 마음이 없으면 절대로 할 수 없는 일이기 때문이다.

돈 잘 버는 대형 로펌 변호사를 그만두고 시민단체 간사가 된 김남희 변호사를 보자. 그녀의 선택은 보통 사람으로서는 도무지 납득할 수 없는 결단이다. 생각해보라. 힘들게 죽어라 공부해서 어렵게 자격을 취득한 변호사란 자리를 어떻게 내려놓을 수 있는지를. 더구나 억대의 연봉을 받던 그녀가 적은 월급으로 해야 하는 일은, 일이 산더미 같은 시민단체 간사라니, 이게 가당키나 한 일인지를.

그러나 그녀는 많은 사람들의 생각을 깨고 자신의 의지대로 결행에 옮겼던 것이다.

"로펌에서 맡은 일이 기업 인수, 합병 자문역이었는데 매일같이 야근을 하며 힘들게 일해도 보람이 생기지 않았어요. 서민들에게 소소한 행복을 주는 변호사가 되고 싶었는데 로펌에서는 그런 일을 하지 못할 것 같다는 생각이 들더라고요."

그녀는 자신이 새롭게 일을 선택한 이유에 대해 이렇게 말했다. 그녀에게 돈보다 더 중요한 것은 더불어 살아가는 일이며, 그 일에 자신이 한 알의 밀알이 되고 싶었던 것이다.

이제 30대 초반인 그녀는 마음만 먹으면 얼마든지 돈을 벌 수 있다. 그런데 그럼에도 불구하고 그녀는 돈보다는 의미 있는 일을 선택한 것이다.

"보람 있는 일을 할 수 있어 매우 행복합니다."

이렇게 말하며 환하게 웃는 그녀는 진정으로 행복한 일이 무엇이며, 참 행복이란 어떤 것인지를 잘 아는 사람이었다.

30대인 지금, 올바른 가치관을 심어라

한 사람이 뿌린 씨앗은 비록 작다 해도 그것이 자라나 열매를 맺으면 놀라운 일이 이루어진다. 이 모두는 어려운 사람을 위하는 아름다운 마음들이 모여 이뤄낸 결과다. 이렇듯 남을 위하는 마음은 행복을 나누는 아름다운 마음이다.

"매사에 인정을 베풀면 훗날 기쁨으로 만난다."

이는 명심보감에 나오는 말이다. 이 말의 의미는 인정을 베풀며 살면 그 모든 것이 자신에게 덕으로 쌓인다는 것이다. 덕이 있는 삶을 살 것이냐 덕이 없는 삶을 살아갈 것이냐는 오직 자신이 선택해야 할 문제다.

우리나라는 선진국에 비해 아직은 기부 문화가 뒤떨어진다. 그러나 가지지 못한 서민들을 중심으로 기부 문화가 점점 늘어나는 추세에 있다.

그런데 배부르고 등 따스한 가진 자들은 오히려 기부에 매우 인색하다. 그들은 없는 것이 얼마나 불편하고 어려운지를 잘 모른다. 오직 더 많은 돈을 벌기 위해 머리를 쓰고 편법과 변칙을 쓴다.

삶은 공평하다고 말하지만 인색한 부자들을 보면 그렇지 않다는 반감이 드는 것도 사실이다. 하지만 그렇다고 해서 그들을 원망할 필요도 없다. 그저 자신이 추구하는 대로 살면 된다. 선행에 대한 상급은 삶으로부터 보상받는다고 생각하면 된다. 그러면 억울할 것도 없고, 아쉬울 것도 없다.

30대는 인생의 출발선상에서 자신이 원하는 삶을 찾아 달리는 주자와 같다. 그만큼 30대는 인생에서 중요한 시기이다. 이 시기에 삶의 가치관에 대해 분명히 해야 한다. 바른 가치관은 자신의 인생을 행복으로 이끌지만, 잘못된 가치관에 사로잡히면 자신의 인생을 불행으로 이끌기 때문이다. 이런 만큼 30대는 보다 더 신중하게 자신을 살피는 눈을 길러야 한다.

Tip
Life Point

모든 결과는 자기가 심은 대로 나타나는 법이다. 콩을 심으면 콩을 수
확하고, 팥을 심으면 팥을 수확하는 것과 같은 이치다. 남에게 대접받
고 사는 사람들을 보면 그들이 먼저 상대방을 대접했다는 걸 알 수 있
다. 남을 대접하는 행위는 따뜻한 관심을 표명하는 것이다. 자신에게
따뜻한 관심을 주는 사람을 좋아하지 않을 수 없는 게 사람의 마음이
다. 그래서 대접을 받은 사람은 존경과 애정을 얻어 자신이 받은 사랑
을 되돌려준다. 행복은 받는 것에도 있지만 남에게 줄 땐 행복감이 더
크다. 더 큰 행복을 누리고, 더 큰 삶의 기쁨을 느끼며 살고 싶다면 인
정을 베푸는 삶을 살아야 한다. 남에게 대접하는 대로 받는 게 행복의
법칙이다.

흔들리며
사는 게
인생이다

05

강남고속버스터미널 지하도 사주카페에

젊은이들이 앉아 사주를 본다.

어떤 젊은이는 혼자서

또 어떤 젊은이들은 쌍쌍이 앉아서

사주카페 주인의 입을 뚫어지게 바라보다

가끔은 고개를 끄덕이다가

가끔은 웃기도 하다가

가끔은 심각한 얼굴이다가

가끔은 입술을 질끈질끈 깨물기를 반복한다.

피 끓는 젊은이들이 백주 대낮에

자신의 불투명한 미래가 불안하여

신도 아닌 그들에게 자신의 미래를 점친다.

태초로부터 불안한 존재인 인간은

불안의 울타리를 벗어나지는 못하는 걸까

미래가 창창한 저 푸르디푸른 청춘들이

수많은 사람들이 오가는 터미널 지하도 사주카페에서

아무렇지도 않게 매우 익숙한 자세로

보이지 않는 캄캄한 앞날의 불안을 떨치기 위해

불안한 얼굴로 혹은 고개를 끄덕이며 몰두한다.

미래가 불안한 젊은이들

어느 날 서울 강남터미널 지하도를 지나는데 2, 30대로 보이는 젊은이들이 사주를 보고 있었다. 그 모습이 어딘지 모르게 쓸쓸하고 허무하게 느껴졌다. 현실이 얼마나 불안하고 캄캄했으면 백주 대낮에, 그것도 한창 직장에서 일할 젊은이들이 시주카페에서 사주를 보고 있을까 해서였다. 나는 그들의 모습에서 불안한 미래를 볼 수 있었다.

그 순간 내 마음은 심하게 요동을 쳤다. 내게도 그들과 같은 아들과 딸이 있기 때문이다. 그들은 나와는 아무 상관도 없는 젊은이들이지만 내게는 마치 자식과 같이 느껴졌던 것이다.

젊은이들이 사주를 본다는 것은 지금 우리 사회가 그만큼 안정되지 못하고 불안하다는 방증이다.

"내가 언제쯤 직장을 잡을 수 있을까요?"

"내가 이번 시험에 합격할 수 있을까요?"

"내 미래를 알 수 있을까요?"

아마 모르긴 몰라도 그들의 입에서는 이런 말들이 쏟아져 나왔을 것이다. 나는 마음이 아팠다. 기성세대로서 젊은이들에게 무거운 짐을 들려준 것만 같아서였다. 그런데 문득 시가 쓰고 싶어졌다. 나는 펜과 다이어리를 꺼내 들고 가슴에서 들려오는 대로 받아 적기 시작했다. 앞의 시는 그때 쓴 〈불안한 미래를 점치다〉라는 시이다.

어느 세대나, 어느 청춘에게나 아픔은 있다

그러나 나는 가슴 아파하지만은 않을 것이다. 어느 시대건 그 시대마다 굴곡이 있었고 아픔이 있었기 때문이다.

내가 20대를 보냈던 70년대와 80년대 중반은 물론 30대를 보냈던 80년대 중반에서 90년대 중반에도 지금과 같은 어려움이 있었다. 그러나 나와 동시대를 보냈던 사람들은 그 시기를 무사히 지나 지금은 사회의 중심축으로 살고 있다. 물론 그 시대에도 사는 것이 힘들고 어려워 자신을 포기한 사람들도 있었고, 시도 때도 없이 방황을 일삼기도 했다. 그러나 대부분의 사람들은 한없이 흔들리면서도 꿋꿋이 자신을 버텨내 오늘에 이른 것이다.

흔들리지 않는 인생은 없다.

흔들림을 두려워하거나 겁내지 마라. 흔들리니까 인생인 것이다.

음모를 숨기고 있는 것들은
겉으론 웃고 있어도
속은 날카로운 칼날을 숨기고 있다.

눈에 보이는
저 찬란한 것들의 미혹에 빠져
꼬리가 아홉 개 달린 것도 모르고
넙죽넙죽 받아들이지 마라.

그것이 너희 무덤이 되고
굴욕이 될 수 있으리니
탐욕은 언제나 감미롭고 향기로운 것

보이는 것을
보이는 대로 믿지 못하는 것은
너희의 잘못이 아니다.

누군가를 쓰러트리지 않으면
내가 쓰러질 수밖에 없는
참담한 눈을 가진 가혹한,
너무나 가혹한 욕망의 비곗덩어리들이
내뿜는 거칠고 드센 횡포인 것을

그러나 쓰러지지 마라.

쓰러지는 순간 더는 네가 아니다.

살아서 끝까지 살아서

활짝 웃는 향기로운 꽃이 되라.

이 시는 〈그러나 쓰러지지 마라〉라는 시이다. 나는 흔들리는 30대들을 위해 이 시를 썼다. 나 역시 30대를 흔들리며 살았기 때문이다.

흔들리며 산다는 것은 때론 곤혹스러울 정도로 불안감을 준다. 그래서 그것을 이기지 못한 사람들은 술로 해결하려고 한다. 그러나 그것은 결코 바람직한 일이 아니다. 시련과 고난은 그런 이들을 깔보고 더 큰 시련과 고난을 퍼부어댄다. 하지만 강인한 의지와 신념으로 맞서는 이에게는 꼬리를 내리고 피해 간다.

강해져야 한다. 자신을 강하게 단련시켜야 한다. 자신을 강하게 하면 그 어떤 시련의 횡포에도 주눅 들지 않고 자신이 원하는 길을 갈 수 있다.

살아서, 끝까지 살아서 활짝 웃는 향기로운 꽃이 되길

"할 수 있다는 믿음을 가지면 그런 능력이 없을지라도 결국에는 할 수 있는 능력을 갖게 된다."

이는 간디가 한 말인데, 할 수 있다는 믿음을 갖는 것이 얼마나 중요한지를 잘 보여준다. 그의 말이 중요한 것은 이미 백 년 전에 증명된 말이기 때문이다. 그는 영국으로부터 억압받는 조국 인도의 독립을 위해 불가능한 현실을 자신이 원하는 대로 이뤄낸 혁명가이다. 그는 총 한 방 안 쏘고 무저항 운동을 통해 평화적으로 독립을 이끌어냈다. 그 저력이 곧 할 수 있다는 믿음이었던 것이다.

또 마이클 코다는 이렇게 말했다. "성공하려면 세상의 모습을 있는 그대로 받아들이되 그것을 뛰어넘어야 한다."

옳은 말이다. 이 땅 위에 성공의 깃발을 꽂은 이들은 하나같이 자신에게 놓여 있는 현실이라는 장벽을 뛰어넘은 이들이다.

사람마다 누군가에게는 가난이란 장벽이 있고, 또 다른 누군가에겐 학력이란 장벽이 있고, 또 누군가에겐 배경이라는 장벽이 있다. 하지만 자신이 원하는 길을 가고 싶다면 절대로 장벽 앞에 굴복해서는 안 된다. 굴복하는 순간 자신의 꿈은 사라져버린다.

그러나 쓰러지지 마라.
쓰러지는 순간 더는 네가 아니다.
살아서 끝까지 살아서
활짝 웃는 향기로운 꽃이 되라.

자신이 강한 사람이 되고 싶다면, 그래서 자신의 꿈을 이루고 싶다면 〈그러나 쓰러지지 마라〉의 마지막 연인 이 시구를 가슴에 새겨 늘 음미하라. 그것이 용기를 주고 힘이 되어줄 것이다.

Tip
Life Point

"낙관론자는 꿈이 이뤄질 거라고 믿고, 비관론자는 나쁜 꿈이 이뤄질 거라고 믿는다."

이는 마이클 J. 겔브가 한 말이다.

사람은 누구나 때때로 흔들리며 산다. 고난에 흔들리고, 실패에 흔들리고, 시련에 흔들리고, 가난에 흔들리고, 사랑에 흔들리고, 여러 가지 이유로 해서 거듭 흔들리면서 사는 게 인생이다. 그런데 낙관론자는 흔들리는 것을 두려워하지 않는다. 낙관적인 생각이 불안감을 마음으로부터 몰아내기 때문이다. 그러나 비관론자는 흔들림의 두려움에 빠져 충분히 극복할 수 있는 일도 못 하게 된다. 다만 흔들림의 공포를 극복하지 못하고 실패한 인생으로 끝나게 된다. 꽃은 흔들리면서도 결코 쓰러지지 않는다. 폭풍을 견뎌내서라도 기어코 꽃을 피운다. 꽃만큼도 못한 인생이 되느냐 안 되느냐는 자신에게 달린 문제이다. 흔들림을 이겨내라. 흔들리면서 사는 게 인생이다.

06

행복한 나로
살아가는
5가지 행복의 법칙

　자신을 행복하다고 여기는 사람과 불행하다고 여기는 사람의 차이는 삶에 대한 가치관에 있다. 자신을 행복하다고 여기는 사람은 자신에 대한 자기애自己愛가 매우 강하다. 그래서 스스로를 아끼고 스스로에게 함부로 말하거나 행동하지 않는다.

　그러나 자신을 불행하다고 여기는 사람은 스스로를 무시하고, 스스로에 대해 함부로 말하고 행동한다. 이런 마인드로는 죽었다 깨어나도 행복한 인생이 될 수 없다.

　그렇다면 자신을 행복하게 하는 방법은 없는 것일까? 이에 대해 나는 '있다'라고 힘주어 말할 수 있다. 이에 스스로를 행복하게 하기 위한 5가지 방법을 제시하니 이를 적극 활용해보기 바란다.

자신을 아낌없이 격려하라

긍정적인 마인드는 일에서뿐만 아니라 자신을 행복하게 하는 데도 탁월한 효과를 발휘한다. 아침에 일어나 출근 준비를 마치면 거울 속의 자신과 자기 존재감을 확인하는 대화를 하라.

먼저 여성의 경우다.

"거울아, 거울아, 이 세상에서 누가 제일 예쁘지?"하고 묻고는 큰 소리로 자기 이름을 말한다. 그리고 이어 이렇게 말하라.

"나는 내가 너무 좋아!"

"나는 내가 너무 자랑스러워!"

"나는 내가 너무 예뻐!"

"나는 내가 너무 사랑스러워!"

이렇게 말하며 자기 존재에 대한 확신을 심어준다면 순간적으로 강렬한 긍정의 에너지가 표출된다. 그리고 기분이 좋아지고 자신감이 충만해지며 자신이 소중한 존재라고 생각하게 된다.

그리고 거울 속에 자신의 이름을 부르며 "오늘도 즐겁게 일하고 올게. 저녁에 보자!" 하고 출근하라. 집을 나서는 순간 이상하게도 몸이 가벼워지며 날아갈 듯한 기분에 사로잡히게 된다.

남자의 경우는 이렇게 말하는 것이 좋다.

"거울아, 거울아, 이 세상에서 누가 제일 멋지지?"

이렇게 말하고 나서 거울 속의 자신을 보고 자신의 이름을 크게 외쳐라. 그리고 나서 이렇게 말하라.

"나는 내가 너무 멋져!"

"나는 내가 너무 근사해!"

"나는 내가 너무 좋아!"

"나는 내가 너무 믿음직스러워!"

이처럼 남자 역시 자신의 존재감을 확인한 후 출근하는 것이 좋다. 그러면 하루가 기분 좋게 넘어갈 수 있다.

그리고 퇴근 후에는 거울 속 자신을 향해 자신의 이름을 부르면서 이렇게 말하라.

"오늘 수고 많았어. 고마워!" 또는 "오늘 힘들었지. 잘 참았어. 고마워!" 하고 말한다면 내면 속의 자아가 맑아지며 안정감이 들 것이다.

이는 직장생활을 하지 않는 경우에도 마찬가지이다. 그대로 적용시키면 같은 효과를 볼 수 있다.

나는 행복해지기 위해 태어났다고 하루에 세 번씩 말하라

사람은 행복하게 살 권리가 있다. 그런데 행복의 권리를 포기하는 사람들이 많다.

"이대로 살다가 가지 뭐" 하고 말한다거나 "내 인생은 왜 이 모양 이 꼴일까", "차라리 나는 안 태어났으면 좋았을 거야" 하고 스스로를 핍박하고 뭉개버린다. 이런 부정적인 자아를 버리지 않는 한 행복한 인생이 될 수 없다.

자신에게 행복을 심어주기 위해 날마다 세 번씩 외쳐라.

"나는 행복해지기 위해 태어났다! 나는 행복해질 권리가 있다!"

이렇게 꾸준히 3개월만 한다면 3개월 후엔 행복으로 가득한 자신을 발견하게 될 것이다. 무엇이든 마음먹고 독하게 하면 못할 게 없다. 그저 생각만 하고 실행을 하지 않으니까 못하는 것일 뿐이다.

자신을 남과 비교하지 마라

자신의 여건보다 좋은 사람을 자신과 비교한다면 한층 더 우울해질 것이다. 또 여건이 좋은 사람이라고 해서 다 행복한 것은 아니다. 그런 사람들에겐 그 나름대로의 골치 아픈 일들이 있기 마련이다. 정말로 중요한 것은 남과 자신과의 비교는 절대 금물이라는 것이다.

걱정거리는 마음에 담아두지 마라

자신을 쪼그라들게 해서 자신감을 빼앗기는 대표적인 경우가 걱정거리를 안고 사는 것이다. 걱정한다고 해서 걱정거리가 사라지는 것은 아니다. 오히려 그 반대다. 걱정은 부정적인 자아로서 걱정거리가 많은 사람에게 달라붙어 더욱 걱정거리를 만들어낸다. 이것은 자신을 불행하게 만드는 나쁜 마인드이다. 걱정이란 살다 보면 누구에게나 찾아오기 마련이다. 걱정거리가 찾아오면 긍정적으로 대처해야 한다.

걱정은 그 어떤 것도 해결해주지 않는다. 걱정거리를 해결할 사람은 자기 자신뿐이다. 그렇기 때문에 걱정거리는 마음속에 절대 담아두지 마라. 걱정거리를 담아두고 사는 것은 마치 시한폭탄을 안고 사는 것과 같다.

자신의 힘에 부치는 일을 만나면 피하라. 그러지 않고 맞서면 골병만 든다.

자신에게 자신감을 심어주어라

무슨 일을 할 때든 자신에게 끊임없이 자신감을 심어주자.

"난 할 수 있어!"

"난 나를 사랑해. 그래서 반드시 해내고 말 거야!"

"나도 할 수 있다는 걸 보여주겠어!"

이처럼 내면 속의 자신에게 끊임없이 자신감을 심어준다면 긍정의 에너지로 인해 큰 효과를 볼 수 있다. 이러한 행동이 자신도 할 수 있다는 강력한 에너지를 발생하게 함으로써 정말로 해내게 하는 것이다.

남이 주는 행복은 그 순간뿐이다. 그 순간이 지나면 그 행복은 다시 오지 않는다. 그러나 자신이 스스로를 행복하게 할 수 있다면 그 어느 때나 행복한 자신이 될 수 있다. 즉 행복 지수는 스스로 조율이 가능하다. 그래서 항상 행복을 느끼며 살 수 있다.

남이 주는 행복을 바라지 마라. 바라는 마음이 채워지지 않으면 그 사람을 미워하게 되고 싫어하게 된다. 하지만 자신이 주는 행복은 그 누구도 미워하지 않게 하며 모두를 기분 좋게 해준다.

사람은 누구나 행복할 권리가 있다. 행복의 권리를 포기한다는 것은 인간에게 부여된 고귀한 신의 선물을 포기하는 것과 같다.

30대는 인생에서 매우 중요한 시기이다. 인생을 본격적으로 시작하는 출발점이기 때문이다. 이처럼 소중한 시기에 행복해지는 방법을 스스로 터득할 수 있다면 그 누구보다도 행복한 30대를 보내게 됨은 물론 자신에게 주어진 인생의 과제도 자신 있게 풀어가 성공적인 삶을 맞게 될 것이다.

What is Thirty

Tip
Life Point

남이 주는 행복은 일시적이지만 내가 나에게 주는 행복은 오래간다. 뿐만 아니라 행복의 마법을 부리는 여유를 통해 삶을 좀 더 긍정적으로 살아가게 된다. 행복은 행복해지고자 하는 자에게 자신의 모든 것을 선물한다. 그러나 행복해지려는 의지가 약한 자에게는 가까이 다가가지 않으려고 한다. 행복해지려는 자로서의 마음가짐이 되지 않았다고 믿기 때문이다. 행복한 내가 되느냐 아니냐는 오직 자신에게 달린 인생의 과제이다. 이런 평범한 진실을 외면한 채 남에게서 행복을 구하려고 하지 마라. 그것은 스스로를 치졸하고 비루하게 할 뿐 아무 것도 아니다. 왜냐하면 남이 행복을 줄 땐 그것처럼 좋은 것도 없으나 외면할 땐 그것처럼 한심스러운 일이 없기 때문이다. 행복한 삶을 원한다면 행복의 5가지 법칙을 실천하라.

01 우리가 계획한 사업을 시작하는 데 있어서의 신념은 단 하나이다. 지금 그것을 하라. 이것뿐이다.

-윌리엄 제임스

02 담대하라. 그리하면 어떤 큰 힘이 당신을 도와주려 할 것이다.

-베이실 킹

03 가능하다고 믿는 사람이 반드시 승리한다.

-랠프 월도 에머슨

04 자신이 만일 패배의 마음을 갖고 있다면 그런 마음을 자신에게서 뿌리 뽑아야 한다. 그것은 패배를 생각하며 패배를 맛보게 하기 때문이다. 그러므로 패배를 믿지 않는 태도를 가져야 한다.

-노만 V. 필

05 우리들의 중요한 임무는 멀리 있는 것이 아니라, 희미한 것을 보는 것이 아니라, 가까이 있는 분명한 것을 실천하는 것이다.

-토머스 칼라일

06 오늘이란 날은 두 번 다시 오지 않는다는 것을 잊지 마라.

-A. 단테

07 인생은 짧다. 작은 일에 얽매이지 마라.

-B. 디즈레일리

08 인생은 작게 살기에는 너무나 짧다.

-R. 키플링

09 우리의 인생은 우리의 생각에 의해 만들어진다.

-마르쿠스 아우렐리우스

10 화내는 사람은 독으로 가득 차 있다.

-공자

11 인간은 남에게 선을 행할 때 자신에게 최선을 다하는 것이다.

-벤저민 프랭클린

12 대부분의 사람들은 자신들이 행복해지려고 결심한 만큼 꼭 그만큼만 행복해진다.

-에이브러햄 링컨

04

Chapter

처음 마음과 늘
같은 마음으로 살기

친절은
무형의 자산,
무조건 친절하라

친절한 사람을 보면 기분이 좋다. 마치 더운 여름날 마시는 샘물처럼 가슴을 시원하게 한다. 친절한 말, 친절한 행동에는 사람들의 마음을 즐겁게 하는 기쁨의 에너지가 강하게 작용하기 때문이다.

친절은 자신뿐만 아니라 가족, 친구, 직장 동료, 주변 사람들에게 행복을 주고 긍정적인 마인드를 심어준다. 또한 어진 사람에게는 적이 없듯 친절한 사람에게도 적이 없다. 친절은 사람이라면 반드시 갖추어야 할 인간다움의 근본이며 삶의 윤활유이다. 다음은 친절이 얼마나 마음을 따뜻하게 하고 기분을 유쾌하게 하는지를 잘 알게 해주는 이야기이다.

진실하고 따뜻한 배려가 주는 기쁨

2012년 2월 어느 날 홈플러스 여직원으로부터 특강을 해줄 수 있느냐는 전화를 받았다. 나는 그녀의 말을 듣고 흔쾌히 제의를 받아들였다. 어린이들에게 꿈을 주기 위해 《호기심 대장 안철수》란 책을 냈는데 그것을 보고 특강 제의를 한 것이다. 뿐만 아니라 어머니 특강도 제의를 받아 《유대인식 무릎교육》이란 자녀교육 특강도 하기로 했다.

나는 특강 날짜에 맞춰 강의를 하러 갔다. 자녀교육을 위한 어머니 특강이었는데 같은 날 두 군데에서 진행되었다. 한 군데를 마치고 나서 점심을 먹고 다음 장소로 이동을 하는데 그녀는 자신의 차로 나를 이동시켜주었다. 그렇게 하지 않아도 되었지만 강사인 나를 대하는 그녀의 마음 씀씀이가 매우 아름다웠다. 그녀의 따뜻한 친절로 어머니 특강을 유쾌하게 마칠 수 있어 기분이 참 좋았다.

그리고 다음번엔 어린이를 위한 특강을 하러 갔다. 역시 그녀는 따뜻한 미소로 반겨주었다. 몸에 밴 상냥함과 친절이 나를 기분 좋게 해주었다. 그녀의 친절하고 상냥한 모습에서 그녀가 좋은 품성을 지녔다는 것을 느낄 수 있었다.

특강을 마친 나는 행복한 마음으로 돌아올 수 있었다.

그리고 몇 달 후 그녀로부터 또다시 특강 제의를 받았다. 이번에는 직원들을 위한 특강이었다. 10월 한 달 동안 열 군데나 하게 되었다. 나는 출판사 일정에 맞춰 써주어야 할 원고가 두 개나 되었지만, 그녀의 정성 어린 성의가 너무나 고마워 무리를 감수하고서라도 흔쾌히 수락하였다.

그녀는 프로그램 일정을 메일로 보내주었다. 나는 메일을 보고는 크게 감동하였다. 그녀는 각 지점별로 특강 순서를 짜 내가 불편하지 않도록 지하철 노선과 출구번호까지 상세히 메모를 해놓았다. 또 한 날에 두 군데 지점을 특강하는 것이 세 번이나 되었는데 각기 색깔별로 달리하여 알아보기 쉽게 하였다. 또 이동의 불편함을 덜기 위해 다음 장소로 이동하는 차편 제공까지 세심하게 배려해주었던 것이다.

나는 그녀의 세심함과 진정성에 너무도 마음이 흐뭇하였다. 그런데 나를 더욱 감동하게 한 것은 특강이 시작되고 나서 각 지점별로 특강을 하러 갔을 때 그곳 담당 직원들에게 들은 이야기 때문이었다.

그녀는 나를 좋은 선생님이라고 몇 번이나 말하며 조금도 불편해서는 안 되니까 잘 살펴서 안내해달라고 신신당부를 했다는 것이다. 그 말을 듣고 난 또다시 감동하지 않을 수 없었다. 그녀의 따스하고 아름다운 마음이 참 고마웠다.

나는 중고등학교를 비롯해 도서관, 대학, 직장 등에 가끔씩 특강을 하러 가는데 그동안 내가 만난 직원 중에서도 그녀가 단연 으뜸이다. 그녀만큼 마음가짐, 몸가짐을 제대로 갖춘 사람은 어디에도 없었다. 물론 개중에는 친절한 사람도 있었지만 대개는 담당 직원으로서 맡은 일에 대한 의무적인 몸짓에 불과했다.

그런데 그녀는 달랐다. 진정성을 담아 최선을 다했던 것이다. 이는 마음 바탕이 그렇게 되어 있지 않으면 도저히 할 수 없는 행동이다. 그러고 보면 그녀는 최고의 미덕을 갖춘 베스트 직원이라는 걸 알 수 있다. 그런 직원이 있다는 것은 회사로서는 큰 자산이 아닐 수 없다. 그녀의 진정성 넘치는 행동이 그 어떤 홍보보다도, 마케팅보다도 더 큰 힘을 발휘하기 때문이다.

나는 어디를 가든 친절하고 진정성 넘치는 그녀를 특강의 소재로 활용할 것이다. 그녀는 그럴 만한 가치가 충분히 있는 사람이다. 그녀를 통해 다른 사람들 또한 그녀의 마인드를 본받고 그대로 실행에 옮긴다면 참으로 의미 있는 삶을 사는 데 크게 도움이 되리라는 믿음 때문이다. 꽃보다 아름답고 새벽공기처럼 상큼한 그녀. 그녀를 생각하면 저절로 입가에 미소가 피어난다. 나에게 봄날 풋풋한 진달래의 분홍 꽃잎 같은 행복을 선물해준 그녀. 그녀는 홈플러스 중계점 평생교육스쿨의 이지영 매니저이다.

친절한 마음이 한 송이 꽃으로 피어나

친절에 대한 얘기를 한 가지 더 소개한다.

승철이 기차역 장병휴게소에서 육군 상병으로 근무할 때의 일이다. 마침 외출을 하려는데 여고생으로 보이는 소녀가 문을 밀치고 들어왔다. 소녀의 얼굴은 초췌하고 근심이 가득 쌓인 표정이 역력했다.

"아저씨, 저 좀 도와주세요."

소녀는 금방이라도 눈물을 뚝뚝 흘릴 것만 같았다. 그 모습을 바라보는 순간 고향에 있는 여동생 얼굴이 떠올랐다.

"학생, 무슨 일이지?"

"저, 아저씨······."

소녀는 몇 끼를 굶은 것같이 힘이 하나도 없어 보였다.

"무슨 일인지는 모르지만, 걱정하지 말고 말해봐."

승철은 소녀를 안심시키며 말했다.

"저, 돈 좀 빌려주세요······. 꼭 갚을게요."

"돈을?"

"네, 아저씨. 꼭 좀 빌려주세요. 부탁이에요."

"얼마나?"

"집에 갈 차비만 있으면 돼요."

"집이 어딘데?"

"영천이에요."

"경북 영천?"

"네."

"돈을 빌려주는 것은 어렵지 않아. 밥도 굶은 것 같은데······."

"네, 아저씨······."

소녀는 울먹이며 대답했다. 승철은 라면을 끓이고 밥을 떠서 소녀에게 먹게 했다. 소녀는 마파람에 게눈 감추듯이 단숨에 먹었다. 그러고는 한 방울의 국물도 남기지 않고 다 마셔버렸다. 배를 채우고 나니 힘이 솟는지 소녀는 승철을 보고 미소를 지었다.

"더 먹을래?"

"아니요. 배불러요."

승철은 소녀에게 무슨 일이 있었는지 물어보았다.

소녀는 고등학교 2학년에 다니다 친구의 꼬임에 빠져 무단가출을 해서 한 달 넘게 이곳저곳을 떠돌아다녔다고 했다. 처음 얼마간은 재미가 있었는데 훔쳐가지고 나온 돈이 다 떨어지자 그만 겁이 덜컥 났다고 했다.

그런데 같이 온 친구는 자신도 모르게 어디론가 가버리고 집에 갈 돈이 없어 어떤 식당에 사정해 아르바이트를 했는데 그날 밤 그 식당 남자가 자신을 성추행하려고 해서 간신히 도망쳐 나왔다고 했다. 그리고 겁이 나서 다시는 아르바이트할 엄두가 나지 않아 어제부터 오늘 이 시간까지 꼬박 굶었다는 것이다. 이렇게 말하면서도 소녀는 집에 갈 일이 무섭다고 했다. 아버지와 어머니를 대할 자신이 없다는 것이었다.

승철은 생각 끝에 자기가 대신 소녀의 아버지에게 전화를 해서 소녀에게 있었던 그동안의 일과 현재 소녀가 많은 반성을 하며 용서를 구하니 집에 가면 용서해달라고 부탁을 하였다. 소녀의 아버지는 당장 소녀를 데리러 오겠다고 했지만, 승철은 기차를 태워 보낼 테니 안심하라고 말하고는 소녀에게 기차표를 끊어주었다.

"지현아, 꼭 집에 가야 한다. 영천역에 도착하면 부모님이 나와계신다고 했어. 그리고 절대로 혼내지 않는다고 했으니 무서워하지 말고. 집에 가면 꼭 편지해라."

"네, 아저씨. 정말 고맙습니다."

"그래, 알았으면 됐어. 공부 열심히 하고, 부모님 말씀 잘 들어. 약속

할 수 있지?"

"네, 아저씨……."

"그래, 기차시간 됐으니 어서 가자."

승철은 소녀를 기차에 태우고 기차가 떠나는 것을 지켜보았다. 차창 밖을 향해 손을 흔드는 소녀의 함박웃음을 보며 승철은 플랫폼을 빠져 나왔다.

그로부터 며칠 후, 승철은 선물과 함께 포장되어 온 두 통의 편지를 받았다. 소녀의 아버지가 쓴 편지와 소녀가 쓴 편지였다.

자신의 딸을 잘 보살펴주어 고맙다는 소녀 아버지의 애틋한 마음은 승철의 가슴을 뭉클하게 만들었다. 그리고 남자는 식당 아저씨처럼 다 나쁜 줄 알았는데 아저씨같이 착하고 친절한 사람도 있다는 것을 알게 되었다는 소녀의 배꽃 같은 마음을 담은 편지에, 승철은 자신도 모르게 피식 웃고 말았다.

"홍 상병, 뭐야? 혼자만 웃고……."

동료 이 상병이 말했다.

"다, 그런 게 있다. 너무 알려고 하지 마. 다쳐."

"아이고, 잘났다, 잘났어!"

이 상병은 밖으로 나갔다.

승철은 그날 내내 무슨 큰일을 해낸 사람처럼 마음이 흡족하여 마치 구름 위에 떠 있는 듯한 뿌듯함에 마냥 행복했다.

나는 이 이야기를 듣고 마음이 참 따뜻했다. 그의 친절이 위험에 빠진 한 소녀를 구함은 물론 소녀에게 이 세상에는 마음이 고약한 사람도 있지만 착하고 친절한 사람도 있다는 것을 알게 해주었다. 소녀는 친절을 베푼다는 것이 사람들에게 얼마나 감사하고 기쁨을 주는 일인지를 잘 알았을 것이다. 그래서 자신 또한 승철이 그랬던 것처럼 친절한 사람으로 살아가리라 믿는다.

승철은 서른다섯의 건실하고 친절한 직장인으로, 다정한 남편이자 한 아이의 아빠로 열심히 살고 있다. 회사 창립기념일에는 모범사원으로 뽑혀 회장상을 받기도 했다.

친절이 몸에 밴 사람은 성공할 수밖에 없다

삶을 성공적으로 산 이들 가운데는 친절하고 성실한 사람들이 많다. 최고 CEO이면서도 직원들의 이름을 기억했다 친숙하게 불러주었던 헨리 포드, 맨주먹으로 전설적인 백화점 왕이 된 존 워너메이커 등은 친절의 대명사로 불린다.

자신들을 따뜻하게 대해주는 헨리 포드를 위해 직원들은 최선을 다해 일했다. 그 결과 포드는 인류사에 길이 남는 기업가가 되었다.

또한 고객을 자기 몸처럼 대하고, 직원들의 잘못을 솔선수범함으로써 깨우치게 했던 워너메이커의 친절한 행동은 그를 최고의 백화점 왕이 되게 했던 것이다.

이렇듯 친절은 무형의 자산이다. 친절은 돈으로도 살 수 없고 그 어떤 것으로도 살 수 없다. 친절은 오직 친절한 말씨와 행동에서 오는 것이다.

"친절한 마음가짐의 원리, 타인에 대한 존경은 처세법의 제일 조건이다."

이는 아미엘이 한 말이다. 아미엘의 말처럼 친절은 바람직한 처세의 조건이며 감동의 조건이다.

친절한 말씨, 친절한 행동은 누구에게나 감동을 준다. 그래서 친절한 사람이 많은 세상이 밝고 행복하다.

'나는 과연 어떤 사람인가?'

가끔씩 스스로에게 물어보라.

그리고 스스로 점검하고, 스스로에게 친절에 대한 점수를 매겨보라. 그래서 자신의 부족함이 발견된다면 지체 없이 반성하고 친절한 사람이 되도록 해야 한다.

친절은 자신뿐만 아니라 모두를 행복하게 하는 '기쁨의 꽃'이다.

Tip
Life Point

친절은 사람을 감동하게 하는 최선의 요소이다. 그래서 친절한 사람
은 사람들을 감동하게 한다. 성공적인 삶을 살았던 사람들이나 살고
있는 사람들 중엔 친절한 사람들이 많다. 친절한 사람은 사람들에게
친밀감을 주고, 그 친밀감은 인간관계를 극대화시키기 때문이다. 인
간관계를 극대화시키는 것이야말로 성공으로 이끄는 비결이다. 생각
해보라. 친절한 사람과 불친절한 사람 중 누가 더 관심이 가는지를.
친절은 돈으로 살 수 없고, 권력으로도 살 수 없다. 오직 친절하게 말
하고 친절하게 행동함으로써 살 수 있는 것이다. 친절은 사람과 사람
사이를 부드럽게 이어주는 '소통의 꽃'이다. 무조건 친절하라. 친절은
무형의 자산이다.

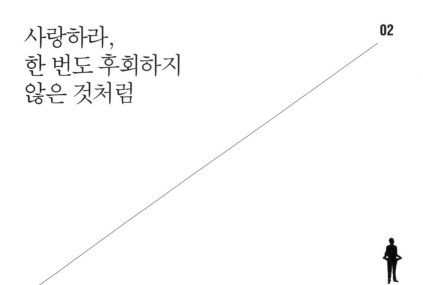

02

사랑하라,
한 번도 후회하지
않은 것처럼

영국의 시인 로버트 스티븐슨은 말했다.

"사랑을 베푼다는 것은 이 세상을 꽃밭으로 만드는 위대한 열쇠다."

참으로 적절한 지적이 아닐 수 없다.

생각해보라. 사랑이 없다면 그런 세상에서 단 하루라도 맘 편히 살 수 있을지를. 다들 이렇게 말할 것이다. "사랑이 없는 세상은 더 이상 살 가치가 없다"고.

그렇다. 사랑이 없는 세상은 참혹하기 그지없을 것이다. 서로가 반목하고 질책하며 서로를 궁지로 몰아넣을 것이다. 그렇게 되면 결국 파멸을 면치 못할 것이다.

인류의 탄생 이래 지금껏 세상이 존재할 수 있는 건 따뜻한 사랑을 품은 사람들이 서로 사랑하기 때문이다. 사랑의 힘은 모든 것을 가능하게 하고 행복하게 한다.

사랑을 나눌 줄 아는 사람은 아름답다

어떤 우체국에서는 정기적으로 우체국 전 직원이 헌혈을 하였다. 그들이 하는 헌혈의 목적은 소아암을 앓는 어린이들을 위한 아주 특별한 것이었다. 그들은 집에서는 아빠이며 남편이고, 엄마이며 아내였다. 물론 미혼인 남녀 직원도 다수 있었다. 어떤 기관이나 단체에서 조직적으로 또 정기적으로 헌혈을 하는 것을 별로 보지 못했던 터여서, 그 아름다운 광경에 목이 메도록 깊은 감명을 받았다.

"이렇게 전 직원이 정기적으로 헌혈을 하는 것에 대해 어떻게 생각하십니까?"

"저는 아주 당연한 일로 생각하며, 우리의 작은 정성으로 아픈 어린이들이 생명을 구할 수 있다면 큰 기쁨으로 알겠습니다. 그리고 내 몸이 건강에 이상이 없는 한 이 일은 언제까지나 계속 이어질 것입니다."

"참 훌륭한 생각이십니다. 혹시 댁에서는 이 일에 대해 어떻게 생각하시는지요?"

"처음 한두 번은 그러다 말겠지, 하고 생각하는 것 같았는데 계속해서 헌혈을 하니까 만류를 하더군요. 그러나 이상이 없는 한 헌혈은 건강에 좋다는 것을 알고 잘하는 일이라고 여기는 것 같아 가슴 뿌듯합니다."

취재기자와 우체국 직원 간의 인터뷰를 들으며 우체국 직원들의 진심 어린 마음을 읽을 수 있었다.

요즘은 사는 것이 너무 각박하다 보니, 남을 돕는 것을 가장해서 자신들의 욕구를 충족하기 위한 수단으로 삼는 경우를 종종 보게 되는데,

그들이 보여준 헌혈 운동은 사랑을 실천하는 아름다운 선행이었다.

타인을 생각하는 일은 쉬운 일이 아니다. 남을 위하는 것은 마음만 먹는다고 되는 일이 아니라 실천이 따라야 되는데 그러다 보면 시간을 빼앗기게 되고, 물질도 따라야 하는 수고가 있다. 그래서 사람들은 남을 돕는 것은 아름다운 일이며, 잘하는 일이라 여기면서도 선뜻 나서지 못하는 것이다.

그런데 이런 번거로움과 수고가 뒤따르는 것을 알고도 행하는 그 삶 이야말로 칭찬받아 마땅하다.

사랑은 아름답다.

그러나 그 사랑을 나누어주는 사람들은 더욱 아름답다.

아픔을 이겨낸 후 찾아온 진실한 사랑

특히 부부간에 있어서의 사랑은 더욱 아름답고 알차야 한다. 부부란 사랑의 완성을 의미하기 때문이다. 남녀가 아무리 열애에 빠졌다 하더라도 부부가 되지 않는다면 그건 완성된 사랑이 아닌 것이다. 부부가 되었을 때라야 비로소 완성된 사랑이라고 할 수 있다.

한 남자와 한 여자가 부부가 되는 데에는 수많은 인연이 작용한다. 다음 이야기는 한 남자와 한 여자가 부부로 맺어지는 과정을 잘 보여준다. 부부의 인연은 그 어떤 것보다 각별하다는 것을 잘 알게 하는 이야기이다.

어느 날 영후는 한 통의 편지를 받았다. 주소를 보니 천안으로 되어 있었다. 봉투를 뜯고 편지를 펼치자 그 안에 예쁘게 말린 나팔꽃이 있었다. 그 순간 그의 마음속에는 사춘기 풀빛 같은 시절이 스치고 지나 갔다.

영후는 나팔꽃이 부서지지 않게 책상에 올려놓은 뒤 편지를 읽어 내려갔다.

이영후 씨께

그동안 안녕하셨어요?

저는 한경숙입니다. 저를 기억하시는지요? 6개월 전 제가 바다에 빠졌을 때 저를 구해주셨지요.

그때는 저의 삶이 너무 고달파 그런 몹쓸 짓을 했는데 지금 와 생각하니 어리석고 후회스러울 뿐입니다. 만약 그때 이영후 씨가 저를 구해주지 않았더라면 지금의 저는 존재하지 않았을 것입니다. 그 일을 생각하면 온몸에 소름이 끼칠 만큼 제 자신이 그렇게 미울 수가 없습니다.

저는 이영후 씨 덕분에 새로운 삶을 살게 되었습니다. 진즉에 감사의 편지를 드렸어야 하는데, 제 자신을 깊이 있게 살펴본 후 세상을 자신 있게 살아갈 수 있는 자신이 생겼을 때, 저의 당당한 모습을 보여드리는 것이 도리일 것 같아 지금에서야 감사의 인사를 드립니다. 이영후 씨는 제게 있어 생명의 은인입니다. 저를 살려주신 그 고마운 마음에 은혜를 갚는 뜻으로 열심히 살겠습니다.

나팔꽃이 너무 예뻐 말려놓았는데 좋아하실지도 모르면서 보냅니다.

최선을 다하는 마음으로 열심히 살겠습니다.

하시는 일이 잘되고 건강하시기를 기원합니다.

한경숙 드림

영후는 편지를 읽고 나서 그때 일을 회상했다.

6개월 전 영후는 일이 있어 강릉에 출장을 갔다가 일이 쉽게 끝나 안인으로 갔다. 그는 차를 세워놓고 해변을 거닐며 한껏 흥에 취해 있었다. 바로 그때 200여 미터쯤 되는 곳에서 어떤 아가씨가 바닷물에 뛰어드는 것을 목격했다. 순간 영후는 사람을 구해야겠다는 일념으로 앞뒤가리지 않고 뛰어갔다. 그가 도착하고 나서 보니 이미 아가씨는 아무런 기색도 없었다. 영후는 바닷물로 뛰어들었다. 그리고 온힘을 다해 그녀를 끌고 백사장으로 나왔다. 그는 간단한 응급조치 후 즉시 그녀를 차에 태워 병원으로 향했다. 병원에 도착하여 응급처치를 받고 병실로 옮겨졌다. 다행히 생명에는 문제가 없었다. 영후는 졸지에 그녀의 보호자 노릇을 해야만 했다.

그는 입원수속에서부터 간호까지 모든 걸 다 해야만 했다. 그녀가 많고 많은 사람들 중에 하필이면 자신의 눈에 띄게 된 것도 자신이 겪어야 할 일이라고 생각하니 담담한 마음이 들었던 것이다.

그녀가 2시간이 넘도록 깨어나지 않자 영후는 걱정이 되었다. 그는 밖으로 나와 병원 뜰을 거닐며 그녀가 깨어나기를 기다렸다. 한참을 서성거리다 커피를 한 잔 뽑아 마시고 다시 병실로 들어갔을 때 그녀가 깨어 있었다.

그녀는 영후를 보자 자리에서 일어나려고 몸을 뒤척였다.

"아니, 일어나지 않으셔도 됩니다. 그대로 계세요."

"저, 저를 구해주신 분이신가요?"

"네, 그렇습니다."

"왜 저를 구해주셨나요? 그대로 죽게 내버려 두지요."

"아니, 그게 무슨 말씀이세요? 죽다니요."

영후는 그녀의 말에 난색을 표하며 말했다.

"죄송하지만…… 공연한 일을 하신 것 같네요."

그녀는 쓸쓸한 표정을 지었다.

영후는 그 모습에서 그녀에게 피치 못할 사정이 있다는 것을 강하게 느낄 수 있었다.

"무슨 일이 있어서 그런지는 잘 모르겠지만 자기 목숨을 스스로 끊는다는 것은 큰 죄악입니다. 아무리 자기 목숨이라 해도 맘대로 할 수는 없는 것이지요. 내 목숨에는 부모님의 숨결이 들어 있습니다. 내가 죽음으로 부모님의 숨결도 끝이 나는 것입니다."

영후는 마치 성직자와 같은 표정으로 엄숙하게 말했다. 그의 말을 듣고 갑자기 그녀가 울기 시작했다. 순간 당황한 영후는 어찌해야 좋을지 몰라 잠시 망설였지만 위로하며 말했다.

"진정하세요. 지금 상태에서 울면 몸에 좋지 않습니다. 아무 생각 하지 말고 아가씨 몸만 생각하세요."

영후의 말에 그녀는 더욱 흐느끼며 울었다. 영후는 하는 수 없이 그녀가 울게 내버려 두었다. 실컷 울고 나면 속이 후련해질 수도 있으니까 말이다. 그의 예상은 맞았다. 한참을 울고 난 그녀는 속이 후련한 듯 자신도 모르게 깊은 숨을 몰아쉬었다.

"죄송해요. 무례하게 굴어서……."

"아닙니다. 무슨 말씀을."

"이곳에 사시는 분 같지 않은데……."

"네, 서울에서 왔습니다."

"네에, 그러시군요. 근데 저 때문에……. 가보셔야지요. 바쁘신 분 같은데……."

그녀는 걱정스러운 표정으로 말했다.

"괜찮습니다. 볼일은 다 봤습니다. 그러니 아무 염려 하지 말고 몸이나 추스르세요."

"고맙고 너무 죄송합니다. 초면에 큰 신세를 졌습니다."

"자꾸 그렇게 말씀하시면 오히려 내가 미안해집니다. 그러니 그런 말씀은 안 해도 됩니다."

영후는 이렇게 말하며 엷게 미소 지었다.

"네에, 고맙습니다."

그녀 또한 빙그레 미소 지었다.

그녀는 상당한 미모에 지성미가 물씬 풍겨나는 여자였다. 영후는 그런 여자가 왜 자살을 시도했는지 몹시 궁금했지만 그녀의 입으로 말할 때까지 기다렸다.

그날은 그렇게 지나갔다.

그녀는 잘 먹지 않으려고 했지만 영후는 억지로 먹여주었다. 그러자 할 수 없이 그녀는 밥을 다 비웠다.

그리고 이틀 후 그녀는 퇴원을 했다.

영후는 그녀와 경포대로 갔다. 그리고 카페에서 차를 시켰다. 몸이 많이 회복된 그녀는 병원에서 볼 때보다 한결 미모가 돋보이고 지성미가 넘쳐 보였다.

그녀는 가만히 영후를 바라보더니 엷은 미소를 띠며 말했다.

"실례지만 성함이?"

"이영후라고 합니다."

그녀의 물음에 영후는 이름을 밝히고 명함을 건네주었다.

"저는 한경숙이라고 합니다. 저 때문에 며칠씩이나 소중한 시간을 빼앗겨서 어떡하지요?"

"시간도 중요하지요. 그러나 사람의 생명보다 소중한 것이 어디 있겠습니까? 마음 쓰지 마세요. 이렇게 한경숙 씨가 건강을 되찾은 것만으로도 저에게는 충분합니다."

"그렇게 말씀해주시니 정말 고맙습니다."

"무슨 말씀을……."

그녀는 잠시 뭔가를 곰곰이 생각하더니 입을 열었다.

"제가 왜 그런 일을 벌였는지 궁금하시죠?"

그녀의 말에 영후는 대답 대신 엷게 웃었다.

그녀는 그간 있었던 일을 영후에게 말해주었다.

그녀에게는 장래를 약속한 남자가 있었는데 그가 약속을 깨고 부잣집 여자와 결혼을 했다는 것이다. 너무도 사랑했던 남자의 배신은 그녀를 상실감에 빠지게 했고, 그 충격을 이기지 못하고 나쁜 마음을 먹었다고 했다. 그리고 그녀의 생각이 바뀐 것은 영후가 자신에게 했던, 자신의 몸에는 부모님의 숨결이 들어 있다는 말 때문이라고 했다.

그들은 다음 날 각자의 집으로 돌아갔고, 그후 6개월이 지난 뒤 그녀에게서 편지가 온 것이다.

영후는 편지를 읽고 가슴이 벅차오르는 희열을 느꼈고, 그것이 바로 그녀를 향한 자신의 마음이라는 것을 알 수 있었다.

그는 며칠 동안 곰곰이 생각한 끝에 그녀에게 자신의 마음을 담은 편지를 보냈다.

한경숙 씨께

보내준 나팔꽃 편지 잘 받았습니다.

그동안 잘 지내셨다니 제 마음이 참 기쁩니다. 사실은 많이 궁금했었는데 궁금증을 풀어주셔서 고맙습니다.

편지를 읽고 나서 많은 생각을 했습니다.

사람 사는 것이 무엇인지에 대해, 그리고 사랑에 대해…….

그동안 저는 누구를 내 몸과 같이 사랑할 자신이 없어 사랑을 만들지 못했습니다. 그러나 이제는 생각이 바뀌었습니다. 제 가슴에도 견딜 수 없는 그리움과 사랑이 찾아왔거든요.

한경숙 씨, 당신이 내 생각을 바꾸게 했습니다. 저는 당신과 나만의 사랑을 만들고 싶습니다. 허락해주신다면 당신이 후회하지 않을 사랑을 만들어드리고 싶습니다.

제 생각을 받아주신다면 이번 일요일, 전에 만났던 경포대 그 카페로 나와주시기 바랍니다.

이영후 드림

일요일 날 영후는 설레는 마음으로 무작정 경포대를 향해 떠났다. 그리고 그곳에서 먼저 와 있던 그녀를 만났고, 그들은 그날 이후 아름다운 사랑을 만들어 지금은 부부가 되어 잘 살고 있다.

사람이 사람을 만나고 헤어지는 것 또한 그 사람에게 주어진 거부할 수 없는 운명이다. 그렇기에 그 어떤 일에 처해 있어도 자신을 쉽게 포기해서는 안 된다.

인생에서 30대는 여러 가지로 중요한 시기이다. 대부분 직장생활을 시작하는 시기이기도 하고, 짝을 만나 결혼을 하고 새로운 삶을 시작하는 시기이기도 하다. 이런 시기에 소중한 사람을 만난다는 것은 그 어떤 것보다도 중요하다.

참다운 사랑을 꿈꾼다면 그 어떤 운명 앞에서도 결코 좌절하지 말아야 한다. 그 좌절을 이기고 나면 진실로 아름다운 행복이 찾아온다. 그러므로 자신에게 주어진 지금 이 순간을 그리고 그 사랑을 아낌없이 사랑하고 사랑하라.

What is Thirty

Tip
Life Point

"사랑할 수 있다는 것은 모든 것을 할 수 있다는 것이다."
이는 안톤 체호프가 한 말이다. 이 말에서도 알 수 있듯 사랑은 모든 것을 하게 하는 강한 에너지를 갖고 있다. 참혹한 시련과 고통 속에서도 사랑만 있으면 능히 헤쳐 나가게 되고, 죽음 앞에서도 사랑하는 이를 지키려고 온몸으로 막아낸다. 사랑은 세상을 바꾸는 힘이다. 위기에 처한 나라도, 부조리한 사회도 국민들이 사랑으로 하나가 되면 극복할 수 있질 않은가. 사랑의 힘은 진실로 위대하다. 그러나 사랑을 가볍게 여기고 함부로 한다면 사랑은 그런 사람을, 그런 사회를 결코 용납하지 않는다. 인생에서 30대란 매우 중요하다. 홀로인 하나가 만나 둘이 하나가 되는 시기가 대개는 30대이기 때문이다. 행복하게 살고 싶다면 서로를 이해하고 배려하며 아낌없이 사랑하라.

처음 마음과 늘
같은 마음으로 살기

처음 마음과
같은
마음으로 살기

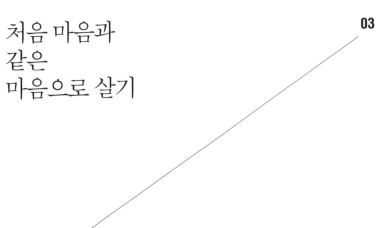

　대학을 마치고 직장생활을 하게 되면 새로운 마음가짐이 생기는 게 보통이다. 이때 대개는 자기 나름대로의 계획을 세우고, 새롭게 각오를 다진다. 그러나 어느 정도의 시간이 지나고 나면, 처음 가졌던 마음은 연기처럼 사라지고 타성에 젖게 된다.

　이 타성이야말로 경계해야 한다. 자신의 발전을 가로막는 방해꾼이기 때문이다. 한 번 물든 타성을 몸과 마음에서 떼어내기란 쉽지 않다. 그것은 나쁜 습관과 같아서 고쳐야 한다는 혹은 조심해야 한다는 의식을 해도 좀처럼 고치기가 어렵다.

　이처럼 처음 품었던 마음을 끝까지 유지하기란 여간해서는 지키기가 힘들다. 하지만 자신만의 색깔을 갖고 살고 싶다면 그렇게 해야 한다. 자신이 원하는 대로 산다는 것은 그만큼의 노력이 필요하다는 거다. 노력 없이는 그 어느 것도 자신이 원하는 삶을 허락하지 않는 게 삶이 인간에게 내린 철칙이므로 그것을 잊지 말아야 한다.

다음 이야기는 교육대학을 마치고 교사가 된 여성이 첫 부임 후 겪은 이야기이다. 이 이야기는 처음 마음으로 살아간다는 게 쉽지 않다는 걸 잘 보여준다.

당신의 처음 마음은 어떤 것이었는가?

연숙은 초등학교 교사다. 지금은 6년차 교사가 되었지만 5년 전 그녀가 초등학교에 발령을 받았을 때 그녀의 가슴은 사명감으로 불타고 있었다. 그녀는 참사랑으로 아이들에게 꿈을 심어주고, 그들이 올곧은 아이들로 자라는 데 힘이 되어주고 싶었다.

그러나 생각과 현실은 잘못 꿰어진 단추처럼 빗나가는 경우가 허다하듯 연숙 또한 그랬다.

그녀는 2학년 담임을 맡게 되었다. 처음 얼마간은 교사가 되었다는 사실이 너무 감격스러워 밤잠을 설치기까지 했다. 하지만 그녀의 설렘도 현실에 부딪히면서 서서히 금이 가기 시작했다. 그녀의 반에 종택이라는 아이가 있었는데 이 아이로 인해 많은 어려움을 겪었기 때문이다.

종택이는 다른 아이와 달리 지저분했을 뿐만 아니라 남루한 옷차림에다 장난까지 심해 늘 말썽을 피웠다. 그리고 툭하면 싸움을 해서 반 친구들을 울리는 일이 다반사였다.

그녀가 담임을 맡고 나서 얼마 되지 않아 생긴 일이다. 그날도 연숙은 콧노래를 부르며 학교로 향했다. 초롱초롱한 눈망울을 굴리며 자신을 바라볼 아이들을 생각하면 자신도 모르게 입가에 웃음이 번져 올랐다.

학교에 도착해서 그녀가 교실로 들어가려는 바로 그때 그만 물벼락을 맞고 말았다. 연숙은 당황하여 잠시 동안 젖은 옷을 닦지도 않은 채서 있었다.

종택이가 바가지에 물을 떠서 유리창에 뿌린다는 것이 그만 빗나가 마침 교실로 들어서던 연숙이 물을 뒤집어 쓴 것이다. 화가 난 연숙은 종택이를 교단 앞으로 불러 야단을 치기 시작했다.

"장종택! 누가 물을 갖고 놀라고 했어?"

"물 갖고 안 놀았는데요."

"거짓말하면 못써! 조금 전 바가지에 물을 담아 선생님한테 뿌렸잖아?"

"그건 유리창 닦으려고 한 건데요."

"뭐라고? 너 끝까지 잘못했다고 안 하는구나. 혼이 나야 사실대로 말할래?"

"정말인데요."

"안 되겠구나. 너 손 내밀어!"

연숙은 화가 나서 견딜 수가 없었다. 손을 내민 종택이 손바닥을 자로 철썩철썩 때렸다.

"이래도 말 안 할래?"

종택이가 울면서도 끝까지 말을 안 하자 연숙은 뒤에 가서 손들고 서

있으라며 벌을 세웠다.

그 일이 있고 나서 얼마 후 종택이는 싸움을 벌여 친구의 얼굴에 큰 상처를 냈다. 그래서 다친 아이 엄마가 학교로 찾아와 거세게 항의를 하는 바람에 연숙은 또 한 번 곤혹을 치러야 했다.

연숙이 종택이를 불러 싸운 이유를 물어보자 다친 아이가 자꾸만 선생님 책상에 올라가서 뛰어내려 그러지 말라고 했더니 그 아이가 먼저 자기를 때렸다는 것이었다.

연숙은 다음부터는 그러지 말라며 그날은 용서를 해주었다. 그런데 일은 거기서만 끝나지 않고 계속해서 발생하였다.

미술시간에 다른 아이들이 모두 그림 그리기에 열중하고 있는데 종택이는 얼굴을 찡그리고 앉아 있었다. 연숙이 종택에게 다가갔다.

"종택이는 왜 그림 안 그려? 가만, 너 준비물 안 가져왔구나? 학교 올 때 시간표를 잘 보고 와야지."

연숙은 다른 아이 도화지를 빌려 종택이에게 주고 돌아서다 그만 미끄러지고 말았다.

"어머! 이게 뭐야? 누가 교실 바닥에 물을 뿌렸니? 종택아, 또 네가 그랬니?"

연숙은 상기된 얼굴로 소리치며 말했다.

"아니요. 그건 물이 아니에요."

"그럼 이게 뭐야?"

"……."

연숙의 말에 종택이는 고개를 숙여 울기 시작했다.

"아니, 너 왜 우는 거야? 선생님이 야단도 안 쳤는데……."

"오, 오줌을 쌌어요."

"뭐, 뭐라고! 오줌을? 네가?"

"네."

"아니, 오줌을 싸면 어떡해! 오줌이 마려우면 선생님한테 말을 해야지."

"혼날까 봐서요."

"오줌 마렵다는데 누가 혼낸다고 그래?"

"그냥 무서워요."

연숙은 앞으로 이 아이와 생활을 해나갈 생각을 하니 아찔했다.

그 일이 있고 나서도 사흘이 멀다 하고 문제를 일으켰다. 연숙은 종택이 어머니를 만나보려고 했지만 끝내 학교에 오지 않았다.

연숙은 실망감을 떨칠 수가 없었다. 자신이 교사로서 무시당했다는 생각에 몇 날 며칠 동안 기분이 몹시 언짢았다.

한동안 종택이는 결석을 했다.

연숙은 생활기록부에 나와 있는 주소로 종택이를 찾아갔지만 그곳에는 다른 사람들이 살고 있었다.

그러던 어느 날, 종택이가 할머니와 같이 연숙을 찾아왔다.

"선생님, 그동안 죄송했구먼유. 진즉에 연락을 했어야 하는데……. 종택이 아버지가 교도소에 가는 바람에."

종택이 할머니는 눈물지으며 말했다.

"아니, 그게 무슨 말씀이세요?"

종택이 할머니는 그동안 있었던 일을 털어놓았다.

종택이 엄마는 종택이 세 살 때 집을 나가고, 종택이는 아버지 손에 컸다. 그런데 종택이 아버지가 절도죄로 두 차례나 교도소를 드나들었고 이번이 세 번째라고 했다. 이번에는 형이 무거워 출소를 하려면 시간이 꽤 걸릴 거라고 했다. 그래서 할머니가 있는 시골로 간다는 것이었다.

연숙은 할머니 얘기를 듣고 종택이가 그동안 엄마의 사랑을 못 받고 불우한 환경 속에서 지냈다고 생각하니 마음이 아팠다. 또 그런 사실도 모르고 종택이를 나무랐던 것이 미안하고 자신이 참 못난 사람처럼 생각되었다.

종택이는 우리 선생님이 좋다면서 할머니한테 수도 없이 얘기를 했다고 했다. 잘해준 것도 없이 야단만 쳤는데…….

"종택아, 시골에 가면 할머니 말씀 잘 듣고 몸 건강하고 공부 열심히 해야 한다. 그래서 할머니와 아빠를 기쁘게 해드려야지. 약속할 수 있지?"

연숙은 종택이를 꼭 안아주었다.

"네, 선생님."

연숙은 종택이에게 크레파스와 공책을 선물로 주었다. 할머니와 저만치 가던 종택이가 갑자기 달려오더니 연숙의 손에 무언가를 쥐여주고는 재빠르게 교문을 향해 달려갔다.

연숙은 얼른 종이에 싸여 있는 것을 풀어보았다. 거기에는 비닐에 싸여 있는 주사위만 한 초콜릿 두 개가 있었는데 손의 열기로 반은 녹아 있었다. 그리고 삐뚤삐뚤한 글씨로 '선생님이 우리 엄마라면 좋겠다'라고 쓰여 있었다.

그 순간 연숙의 눈에서는 눈물이 주르르 흘러내렸다. 어린 마음에 얼마나 엄마가 그리웠으면……

연숙은 종택이가 사라진 교문을 향해 달려갔다.

"종택아! 종택아!"

연숙이 달려갔을 때 이미 종택이의 모습은 보이질 않았다. 연숙은 울면서 교실로 들어와서는 큰 소리로 흐느껴 울었다.

학교에 처음 부임할 때 가졌던 마음이 현실에 부딪히면서 많은 갈등에 휩싸였던 자신이 그렇게 못날 수가 없었다. 그런데 종택이가 그녀의 얄팍한 마음을 일깨워주었던 것이다. 자신은 반듯한 환경에서 자라 선생님 말을 잘 듣고 따르는 문제 없는 아이들만을 생각했던 것이다. 그런데 그것이 얼마나 잘못된 생각이었는지를 깨달은 것이다.

그 일이 있은 후 연숙은 초심을 잃지 않고 좋은 선생님으로 거듭나고자 열심히 생활하고 있다.

지금도 5년 전의 종택이가 그렇게 보고 싶을 수가 없다. 지금쯤은 중학생이 되었을 종택이.

"종택아, 미안해. 그리고 사랑한다."

연숙은 작은 목소리로 이렇게 외쳤다.

늘 같은 마음가짐으로

톨스토이는 이렇게 말했다.

"항상 자기가 할 일에 주의 깊게 하라. 어느 일에 대해서라도 주의가 부족했다면 변명은 용서되지 않는다."

항상 자기가 할 일을 주의 깊게 하라는 것은 늘 같은 마음가짐으로, 같은 몸가짐으로 살라는 거다. 같은 마음으로, 같은 자세로 산다는 것은 수행과도 같을지도 모른다. 그러나 진정성 있는 사람으로 살아가기 위해서는 반드시 그렇게 해야 한다.

30대는 인생에 있어 본격적인 삶을 살아가는 시기이다. 이 시기를 잘 보내야 40대는 물론 그 다음까지도 잘 이어갈 수 있다.

Tip
Life Point

눈이 온 세상을 하얗게 뒤덮었을 때는 그야말로 동심의 세계가 펼쳐
진다. 동화의 나라, 꿈의 나라가 따로 없다. 그러나 시간이 지나고 눈
이 녹으면서 군데군데 땅이 드러나면 더 이상 동심의 세계는 없다. 동
심도 사라지고 들뜸도 사라지고 만다. 삶도 이와 같다. 처음 직장생활
을 시작할 땐 설레고 한껏 들뜨게 된다. 열정과 정성을 다 바칠 각오
로 일한다. 하지만 시간이 흐르면서 그 마음도 서서히 꼬리를 감추는
연기처럼 사라지고 만다. 그리고 타성에 젖어 긴장감도 떨어지고, 대
충대충 하려고 한다. 그저 적당히 하고 월급만 받으려고 한다. 그러나
이것은 자신의 잠재된 능력을 죽이는 일이다. 아무리 좋은 재능도 묵
히면 빛을 발할 수 없다. 좀 더 의미 있는 자신의 삶을 살고 싶다면 초
심으로 돌아가 늘 처음 마음으로 살아야 한다. 그렇게 될 때 자신이
바라는 것을 손에 쥐게 된다. 세상은 열심히 하는 자에게 더 많은 기
회를 주고 좋은 것으로 갚아준다.

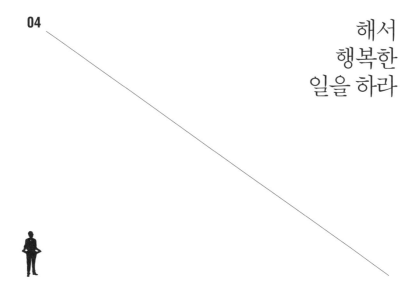

04

해서
행복한
일을 하라

자신이 하고 싶은 일은 힘들어도 신나고 즐겁다. 하고 싶은 일엔 열망의 에너지가 들어 있어 어떤 어려움이 따라도 능히 해내게 된다.

그러나 자신이 하고 싶지 않은 일을 할 땐 일을 하면서도 성에 안 차고, 즐거운 마음 대신 어쩔 수 없으니까 하는 마음으로 공연히 심통이 나기도 하고, 세상을 원망하게 된다.

작가가 되지 않았다면 나는 과연 행복했을까

내가 만일 작가가 되지 않았다면 인생이 참 재미없을 것 같다는 생각이 든다. 내가 대기업 사장이 되고, 정치가가 되고, 학자가 되고, 언론인이 되고, 방송인이 되었다고 치자. 나의 성격으로 보나 삶의 가치를 판단하는 내 기준으로 본다면 별로 만족할 것 같지 않다.

하지만 작가로서 산다는 것은 전혀 그렇지 않다. 시, 소설, 동화, 동시, 에세이, 교양서, 자기계발, 처세서 등 다양한 분야의 글을 쓰다 보니 스스로 생각해도 내 인생에게 감사하다. 물론 내가 하는 노력에 비해 수입은 썩 만족스럽지 않다. 그러나 성취감이 주는 기쁨은 뿌듯하다. 이렇듯 돈이 줄 수 없는 기쁨은 나를 언제나 글쓰기로 빠져들게 한다.

만약 내가 돈만 보고 글을 쓴다면 진즉에 그만두었을 것이다. 돈을 보고 하는 글쓰기는 너무 힘이 들기 때문이다. 그러나 만족을 위해 쓰는 글은 힘들어도 즐겁고 행복하다.

나는 작가가 된 것이 그 어떤 직업을 가진 사람보다도, 많은 돈을 가진 사람보다도 자랑스럽다. 나는 나를 사랑하고 존중한다.

이렇게 자신이 하고 싶어 하는 일을 하는 것과 자신이 하고 싶지 않은 일을 하는 것은 엄청난 결과와 인식의 차이를 가져온다.

'사람들 중에 자신이 하고 싶은 일을 하는 사람들은 과연 얼마나 될까?'라는 물음에 접하게 되면 고개를 끄덕이는 수치가 별로 높지 않다. 자신이 하고 싶어 하는 일을 하는 사람들은 대개가 글을 쓰는 전업 작가나 화가, 음악가, 그리고 전문직 종사자들 중 일부이다. 또한 일반 직종 종사자들을 통틀어도 지극히 낮은 수치다.

이를 증명이라도 하듯 많은 사람들이 자신이 전공한 분야와 다른 직종에 종사한다. 이런 현상이 빚어지는 원인은 대학에 진학할 때 자신이 하고 싶어 하는 공부를 선택하기보다는 대학 간판만을 보고 학교를 선택했기 때문이다. 자기가 공부하고 싶은 학과가 있는 학교의 지명도가 낮을 경우 주위의 시선을 의식한 나머지 선택을 포기하는 경우가 많다. 그렇다 보니 적성에 맞지 않아도 간판이 좋은 대학으로 원서를 내게 되고, 그렇게 해서 공부를 마치고 나오면 자신이 원하지 않는 일도 어쩔 수 없이 해야 한다.

그러나 주관이 뚜렷하고 자신이 하고자 하는 일에 대한 집념이 강한 사람은 자신이 하고 싶은 일을 하고, 마침내는 성공적으로 해낸다.

독일의 철학자 프리드리히 니체는 "자신을 진정으로 사랑하기 위해서는 자신의 능력으로 무엇인가에 최선의 노력을 다해야 한다. 자신의 다리로 높은 곳, 즉 자신의 목표를 향해 걷지 않으면 안 된다. 하지만 그것은 고통이 따른다. 그러나 그것은 마음의 근육을 단련시키는 고통이다"라고 말했다.

참으로 명쾌한 말이 아닐 수 없다. 니체의 말처럼 자신의 인생을 축복으로 이끌기 위해서는 자신을 사랑하고, 자신의 능력을 다 바쳐 자신이 하고 싶은 일에 최선의 노력을 경주해야 한다. 자신의 인생을 다른 누군가에게 의지해 행복하게 한다는 것은 치졸하고 어리석은 일이다. 고통이 따르고 힘들고 어려워도 자신이 해서 행복한 일을 향해 가야 한다.

그녀에게 명예보다 중요했던 일

그녀는 미국 시카고의 학교 교사로 일했다. 그녀가 근무하는 학교가 있는 곳은 범죄와 약물중독이 들끓는 곳이었다. 도무지 공부를 할 수 있는 환경이 아니었다. 그녀는 1975년 그곳에 학교를 설립했다. 학생들 대부분은 일반 학교에서 쫓겨난 문제아들이었다.

그녀는 자신의 학교 학생들에게 4학년 때부터 셰익스피어와 에머슨의 글을 읽게 했다. 그녀는 사람들로부터 고생을 사서 한다는 손가락질을 받았지만, 그러거나 말거나 자신이 하고 싶은 대로 최선을 다해 가르쳤다.

하지만 그녀의 생각대로 따라주지 않을 땐 주저앉아 눈물을 흘리곤 했다. 또 재정난으로 학교가 문을 닫을 형편에 놓인 적도 한두 번이 아니었다. 그러나 그럴 때마다 위기를 잘 극복해내며 언젠가는 반드시 행복한 결과를 맞게 되리라 굳게 믿고 또 믿었다.

그녀의 노력으로 아이들은 몰라보게 달라졌고, 그녀를 조롱하던 사람들도 놀라움을 감추지 못했다. 그녀의 신념이 만들어낸 결과였다.

미국 정부는 그녀의 혁신적인 교육철학에 감동하여 교육부 장관직을 제의했다. 그러나 그녀는 정중하게 거절했다. 명예가 따르는 장관이라는 막중한 제의를 거절한 이유는 아주 소박했다. 아이들을 직접 가르치는 일이 더 가치 있고 행복한 일이라고 생각했기 때문이다.

가르치는 일은 그녀에게 있어 가장 아름다운 일이며, 행복이며, 가치였다. 그런 그녀에게 교육부 장관이라는 자리는 아무것도 아니었던 것이다.

자신이 하는 일에 만족하고 행복하게 생각했던 그녀의 이름은 바로 마르바 콜린스이다.

자신이 원하는 일에 몸을 던진 이태석 신부

다큐멘터리 〈울지 마 톤즈〉로 널리 알려진 이태석 신부를 보자. 그는 가난한 가운데 힘들게 의학 공부를 하고 의사가 되었다. 그러나 무언가 새로운 일을 하고 싶었다. 그의 마음속에서는 계속 그에게 속삭였다. 네가 해서 정말 행복한 일을 하라고.

그는 사제가 되기 위해 신학을 공부하기로 했다. 신학을 공부한 그는 사제 서품을 받고 신부가 되었다. 그는 심사숙고 끝에 아프리카로 가기로 결심하였다. 그의 계획을 알게 된 어머니는 반대하며 만류했지만 그의 결심은 확고했다.

그의 성격을 잘 아는 어머니는 더 이상 만류하지 않았다. 그런다고 해서 그의 결심이 꺾이지 않으리라는 것을 잘 알았기 때문이다.

이태석 신부는 자신의 뜻을 펼치기 위해 아프리카 오지인 남부 수단으로 갔다. 그곳은 분쟁지역이라 목숨이 위태로울 수 있는 곳이었다. 하지만 그에겐 아무런 두려움도 없었다.

그곳에 도착한 그는 학교를 세우고 아이들을 불러 모아 공부를 가르쳤다. 그리고 악기를 가르쳤다. 말이 다르고 피부 색깔이 달라도 진심은 통하는 법. 그의 진심을 읽은 아이들은 열심히 공부하고 악기를 배웠다. 그렇게 해서 브라스밴드를 결성했던 것이다.

아이들이 신나게 악기를 불며 행진을 하면 많은 사람들이 몰려나와 환호하였다. 무지했던 아이들은 자신이 무엇을 해야 하는지를 잘 아는 아이들이 되었고, 마을 주민들 또한 보다 나은 삶을 살아야 한다는 걸 알게 되었다.

한편 이태석 신부는 마을 사람들을 위해 진료 또한 게을리 하지 않았다. 그가 톤즈에 간 이후 많은 것이 변화하였다. 마을 사람들의 삶 자체가 완전히 바뀐 것이다. 사람들은 그를 자신들의 진정한 친구, 진정한 이웃으로 여겼다.

그렇게 열심히 살았던 그는 안타깝게도 세상을 뜨고 말았다. 가난한 그들을 돌보느라 자신의 몸에서 자라던 암 세포를 몰랐던 것이다. 그의 죽음은 많은 사람들의 가슴에 깊은 슬픔과 진한 감동을 주었다.

자신을 위해 살았더라면 그는 죽지 않았을 것이다. 자신의 모든 것을 포기하고 가난한 이방인들을 위해 자신을 아낌없이 내주었던 그는 한국의 슈바이처였다.

이태석 신부가 그처럼 살 수 있었던 힘은 무엇이었을까?

그것은 그가 자신이 해서 행복한 일을 했기 때문이다. 자신이 하고 싶은 일은 그 어떤 고통도 시련도 이겨내게 한다. 그 어떤 두려움도 실패도 겁내지 않는다. 행복한 일은 목숨을 걸고서라도 한다.

과감히 자신의 껍질을 벗고 용기 있게 도전하라

세상의 모든 일은 거저 되는 것이 하나도 없다. 행운마저도 많은 노력을 하는 사람에게 찾아올 확률이 높다.

또한 하고 싶은 일을 하다 비록 실패를 하더라도 후회가 그만큼 덜하다. 왜냐하면 자신이 품었던 일을 원 없이 했기 때문이다. 꿈을 마음에 품고만 있는 사람은 그 기분을 절대 느낄 수가 없다.

자신이 하고 싶은 일이 있다면 먼 훗날 후회하는 삶이 되지 않도록 지금이라도 과감히 자신의 껍질을 벗어버리고 도전해보기 바란다. 역사는 진정으로 용기 있는 자들이 만들어내는 빛나는 삶의 흔적이다.

30대여, 인생은 길고 할 일은 많다. 지금 힘들다고 절대 주저앉지 마라. 당부하건대 언제나 긍정적으로 생각하고, 낙관적으로 생각하라.

마지막으로 하나 더 당부하건대 결코 돈만 보고 일하지 마라. 그것은 돈의 노예가 될 뿐이다. 하고 싶은 일을 하면 그것이 행복이며 또한 돈도 벌 수 있게 된다. 그 일이 무엇이든 하고 싶은 일을 하라.

Tip
Life Point

일은 즐겁게 하면 그냥 하는 것보다 몇 배의 능률이 오른다. 즐거움은 사람의 마음을 능동적으로 바꾸어놓아 일의 진행 속도를 빠르게 만든다. 또한 힘든 일도 가뿐하게 처리하도록 에너지를 북돋아준다. 자신이 해서 행복한 일은 더더욱 그러하다. 자신이 하고 싶은 일은 힘들어도 즐겁고 밤을 새워가며 일해도 피곤하지가 않다. 왜 그럴까? 자신이 해서 행복한 일은 사명과도 같기 때문이다. 그래서 많은 돈을 벌지 못해도 그 일을 목숨처럼 아끼며 하게 되는 것이다. 해서 행복한 일을 하라. 그것이 자신을 스스로 축복하는 일임을 명심하고 또 명심하라.

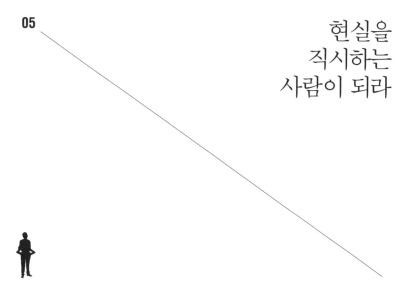

05

현실을
직시하는
사람이 되라

Y는 5년차 직장인이다. 그 역시 열 번도 넘는 도전 끝에 대기업 사원이 될 수 있었다.

그가 하는 일은 마케팅 업무이다. 그렇다 보니 바깥출입이 많다. 일을 하다 보면 늘 그의 귀에는, 누구는 주식을 투자해서 한 번에 수천만 원을 벌었다느니, 또 누구는 부동산에 투자해서 수억을 벌었다느니 하는 등의 온갖 달콤한 이야기들이 들려온다. 그는 그 이야기를 들을 때마다 자신은 이게 뭔가 하고 늘 상념에 젖었다. 그래서 어떨 땐 자신도 주식이며 부동산에 투자를 하고 싶은 마음이 굴뚝같았다. 하지만 그는 지금껏 용케도 잘 견뎌왔다.

처음 입사했을 때 그는 정말 열심히 했다. 힘들게 입사를 한 만큼 직장생활을 잘하고 싶었다. 그는 남보다 30분 먼저 출근해서 사무실을 정리하고, 영어 공부를 하였다. 그런 그를 보고 팀장은 물론 선배들의 칭찬이 자자했다.

"Y씨, 너무 열심히 하는 거 아냐? 이거 정신 바짝 차리지 않으면 안 되겠는걸."

그는 정말 열심히 일했다. 그는 입사 2년 후 대리로 승진을 했다. 대리가 되어서도 그의 열정은 조금도 변함이 없었다.

그러던 그가 바깥 업무를 맡게 되면서 서서히 변화하기 시작했던 것이다. 그는 한 방의 유혹을 이기지 못하고 은행에서 신용 대출을 받고, 저축한 돈을 찾아 주식에 투자를 하고, 시간이 날 때마다 카지노를 찾았다.

세상일이 그의 뜻대로 되면 얼마나 좋을까. 그런데 맘대로 되지 않는 일이 또한 세상일이다. 그가 투자한 주식은 급락하는 바람에 일순간에 날리고 말았다. 거기다 게임으로 5천만 원이나 잃고 말았다. 그는 순식간에 1억 5천만 원을 날리고 말았다. 직장생활 5년 내내 번 돈은 물론 빚까지 지고 만 것이다.

이 일은 회사에 알려지게 되었고, 그는 징계를 받고 지방으로 전출되고 말았다. Y는 자신이 한 일을 두고두고 후회했지만 이미 엎질러지고 만 물이었다.

자기 주관을 가지고 나아가라

"쓸데없이 시류에 휩쓸리지 말고 매일매일 내 자신을 새롭게 하라!

몇 번이라도 새롭게 하라! 내 마음이 새롭지 않고서는 새로운 것을 기대하지 못한다."

이는 동양 명언이다.

이 글에서 알 수 있듯 쓸데없이 시류에 휩쓸린다는 것은 현실을 직시하지 못하고 우왕좌왕함을 일컫는다. 남이 동쪽으로 가면 자신도 동쪽으로 가고, 남이 서쪽으로 가면 자신도 서쪽으로 간다. 부화뇌동附和雷同이란 말처럼 자신의 주관이라고는 없다. 그저 남들 눈치나 보고 남들처럼 따라 하는 것을 만족으로 여긴다. 이것처럼 무가치한 일은 없다.

사람들에겐 크게 두 가지의 뚜렷한 점이 대비된다. 어떤 상황에서도 자신의 주관대로 사는 쪽과 남들이 하는 대로 따라가는 쪽이 그것이다.

자기 주관대로 사는 사람들은 확실한 철학을 가지고 있다. 자신이 하는 일이 잘 안 돼도 자신을 불행하다고 생각하지 않는다. 자신이 하고 싶은 것을 시도해본 것 자체를 만족스럽게 여기는 것이다.

이처럼 주관이 분명한 사람들은 긍정적인 마인드로 뭉쳐 있어 새롭게 다른 것을 시도하는 일도 아주 자연스럽게 생각한다. 그래서일까, 성공할 수 있는 기회를 맞게 되는 경우가 많은 편이다.

그러나 이와는 달리 남들이 하는 대로 따라가는 사람들은 자신만의 철학이 없다. 남의 눈치나 살피고 남을 모방하는 일에 열심을 낼 뿐이다. 그래서 이런 사람들은 실패할 확률이 적은 대신 성공하는 경우도 극히 드물다.

왜 자신의 인생을 자기 주관대로 살지 못하고 남에게 의존하려고 하는 걸까? 첫째는 호기심이 많아서이다. 호기심이 많다 보니 남의 말에 잘 넘어간다. 그것이 한 방의 유혹으로 다가오고 결국 실패를 불러온다.

둘째는 두려움이 많아서이다. 실패의 두려움, 새로운 것에 대한 두려움, 남과 다른 것에 대한 두려움이 크기 때문에 자기 주관을 가질 수 없는 것이다.

자기 주관을 기르기 위해서는 현실을 직시하는 눈을 길러야 한다. 현실을 직시는 능력은 자신이 가야 할 길을 비추어주는 등대와 같다.

하지만 등잔 밑이 어두운 사람은 손에 쥐여주어도 그것이 무엇인지조차 알지 못한다. 이런 사람은 목불식정目不識丁과 같다. 낫 놓고도 왜 이 낫이 여기 있는지조차 잘 모른다. 이런 마인드로는 그 어떤 것도 제대로 해낼 수 없다.

현실을 직시하면 세상에 휩쓸리지 않는다

직장생활과 사회생활을 하다 보면 자신이 선택해야만 하는 일이 자주 있다. 이럴 때 신의를 버리고 눈에 보이는 유익만 쫓다가는 자신의 미래를 스스로 끊어버리는 우를 범하게 된다.

어떤 상황에서도 정도를 버려서는 안 된다. 자칫 잘못하면 자신이 생각하는 것과 전혀 다른 것에 몰입하게 되기 때문이다. Y가 그랬듯이 주식에 헛물을 켠다든지, 게임에 빠져 돈을 날린다든지, 심하면 카지노를 들락거린다든지 하는 등 곁길로 새는 경우가 있다. 나는 이런 젊은이들을 여럿 보았다. 그것은 자신을 망치게 하는 지름길이다.

자신이 원하는 삶을 살기를 바란다면 자신만의 생각과 자신만의 라이프스타일을 꿈꿔야 한다. 그렇게 될 때 삶을 보다 현명하고 적극적으로 살아가게 된다.

그리고 현실을 바르게 직시하는 눈을 길러야 한다. 바른 현실 직시는 자신을 키우는 원동력이 되어줄 것이다.

하버드 대학 교수이자 행복학 강연자인 탈 벤 샤하르는 자신의 저서
《하버드대 52주 행복연습》에서 다음과 같이 말했다.
"한결같음이란 '하나로 통합된 상태, 또는 나뉘지 않은 상태'로 정의
된다. 믿고 있는 것과 행동하는 것 사이에 갈등이나 차이가 없는 사람,
말과 행동 사이에 일관성이 있는 사람을 한결같다고 말할 수 있다."
탈 벤 샤하르의 말이 의미하는 것은 시류에 휩쓸리지 않고 일관성 있
는 자세를 유지하라는 것이다. 언행이 일치되는 사람은 그 어떤 상황
에서도 결코 흔들리지 않고 자신이 원하는 것을 추구한다. 특히 30대
는 직장생활이며 사회생활에 있어 바른 주관을 갖는 연습이 필요하
다. 자칫 잘못하면 자신의 의지와는 상관없이 눈에 보이는 것을 따라
가는 수가 있다. 그것이 때론 자신을 망치게 한다는 것을 알아야 한
다. 자신이 무언가를 확실히 얻고 싶다면, 현실을 직시하고 일관성 있
는 태도로 실천하라.

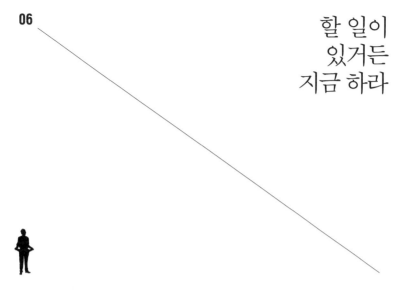

06

할 일이
있거든
지금 하라

하버드 대학교 교수를 역임한 탁월한 심리학자 윌리엄 제임스는 다음과 같이 말했다.

"우리가 계획한 사업을 시작하는 데 있어서의 신념은 단 하나이다. 지금 그것을 하라. 이것뿐이다."

이 말은 지금이란 현재가 중요하고 그래서 무슨 일이든 지금 시도하라는 것이다.

지금이란 시간은 지나가면 영원히 돌아오지 않는다. 이것이 지금이란 순간을 소중히 해야 하는 이유이다.

"오늘이란 날은 두 번 다시 오지 않는다는 것을 잊지 마라."

이는 이탈리아 시성 단테의 말이다. 단테 또한 시간의 중요성을 이처럼 역설하였다.

만일 시간을 붙잡아 둘 수 있다면 인간들에게 긍정적으로 작용할까,

아니면 부정적으로 작용할까 하는 문제에 대해 생각해보자.

이에 대해 어떤 이들은 긍정적으로 작용한다고 말할 것이다. 왜냐하면 시간을 붙들어놓고 필요할 때 쓰면 된다고 믿기 때문이다. 그러나 이는 지극히 잘못된 생각이다. 시간을 붙잡아 두는 만큼 퇴보하기 때문이다.

만약 그것이 부정적으로 작용한다고 생각하는 이들은 시간을 붙잡아 두려 하지 않을 것이다. 왜냐하면 시간은 순리에 따라 움직이는 거라고 믿기 때문이다.

시간을 조절하는 것은 신의 영역이다. 하나님의 영역에 도전한다는 것은 파멸을 부를 뿐이다.

하루라는 시간을 자기 인생처럼 소중히 여겨라

사람들에게 있어 가장 나쁜 습관 중에 하나가 미루는 일이다. 미루는 습관에 젖게 되면 무슨 일이든 미루려고 한다. "지금 못하면 나중에 하면 되고, 오늘 못하면 내일 하면 되고, 내일 못하면 그 다음 날 하지 뭐" 하고 미루는 일에 대해 스스로를 합리화시킨다.

이런 삶의 습관에 젖어 있는 사람은 미루는 일에 대해 아무렇지도 않게 생각한다. 하지만 많은 사람들이 경쟁하며 사는 현실에서 오늘 해야 할 일을 미루다 보면 늘 남에게 뒤처질 수밖에 없다. 그래놓고 자신이 하는 일이 잘 안 되면 세상이 자신을 미워한다느니, 운이 없다느니 하며 불평불만을 터트린다.

특히 본격 인생의 스타트라인을 출발한 30대는 시간을 잘 관리해야
한다. 시간을 잘 쓰느냐 잘못 쓰느냐에 따라 성패가 갈린다. 지혜로운
자는 24시간을 72시간처럼 쓴다.

그러나 어리석은 사람은 24시간을 12시간처럼 쓴다. 이처럼 소중한
시간을 술 마시고, 컴퓨터 게임이나 하고, 경마장을 기웃거리고, 쇼핑
이나 다니고, 부질없는 곳에 시간을 낭비한다면 그만큼 퇴보적인 인생
이 될 수밖에 없다.

같은 시간을 더 알차게 쓰기 위해서는

어느 나라 국왕의 포도원에서 많은 일꾼들이 일을 하고 있었다. 그
일꾼 가운데는 다른 일꾼들보다 월등히 일을 잘하는 한 일꾼이 있었다.

어느 날 포도원을 둘러보러 나온 왕의 눈에 그 일꾼의 모습이 들어
왔다.

"오, 저토록 성실하게 일을 하다니. 여봐라, 저 일꾼을 데려오라."

왕의 명을 받은 신하가 일꾼을 데리고 왔다.

"자넨, 참으로 성실하고 부지런한 사람이구먼."

"감사합니다, 폐하."

"아닐세. 진심으로 하는 말이네."

왕은 이렇게 말하며 일꾼과 포도원을 산책하였다.

유대인의 풍속엔 품삯을 그날그날 지불하는 전통이 있다. 그날도 일이 끝나자 일꾼들은 품삯을 받기 위해 줄지어 섰고, 그들 모두는 똑같은 액수의 품삯을 받았다. 그러자 뛰어난 일꾼이 똑같은 품삯을 받는 것을 본 다른 일꾼이 따지며 말했다.

"저 사람은 겨우 두 시간밖에 일하지 않고 나머지 시간은 폐하와 함께 산책만 했는데, 어째서 우리와 똑같은 액수의 품삯을 주는 겁니까? 이건 공평치 못한 일입니다."

이 말을 들은 왕이 말했다.

"이 사람은 너희들이 하루 종일 일한 것보다 더 많은 양의 일을 두 시간 안에 해냈다. 하루 동안 일을 했다고 해서 일을 많이 했다는 것은 잘못이다. 얼마의 시간을 일했느냐가 중요한 것이 아니라, 얼마나 열심히 일을 했느냐가 더욱 중요한 것이다. 너희들은 이 사실을 알아야 한다. 알겠느냐?"

왕의 말을 들은 사람들은 더 이상 아무 말도 못하고 말았다. 그 말은 하나도 틀린 말이 아니었기 때문이다.

"저는 그냥 제 나름대로 일한 것뿐인데 폐하께서 그렇게 말씀해주시니 감사할 따름입니다."

부지런한 일꾼은 진심으로 감사해서 이렇게 말했다.

"아니다. 너의 충직한 마음이 너를 그렇게 만든 것이니라. 앞으로 나라를 위해 훌륭한 일을 해다오."

"알겠습니다, 폐하. 제 한 몸 바쳐 폐하와 나라를 위해 힘껏 일하겠습니다."

왕의 말을 들은 일꾼은 환한 웃음을 지으며 그렇게 하겠다고 굳게 다짐하였다.

이는 《탈무드》에 나오는 이야기이다. 또한 《성경》에도 같은 이야기가 나온다. 이 이야기는 지금이란 시간을 어떻게 보내야 할지에 대해 잘 보여준다. 단 두 시간밖에 일을 하지 않았지만 하루 종일 일한 사람들과 똑같은 품삯을 받은 일꾼은 집중적으로 열심히 했던 것이다.

하지만 다른 일꾼들은 왕이 보기에 건성건성 일했다는 것을 알 수 있다. 남에게 일을 시키는 사람들은 안다. 그 사람이 진심을 담아 일하는지, 대충대충 시간이나 보내는지를.

같은 시간도 어떻게 쓰느냐에 따라 결과는 달라진다. 아무리 많은 시간을 일했다고 해도 건성건성 하면 효율성이 떨어진다. 이것은 시간 낭비며 인력 낭비이다. 얼마 동안 무엇을 했느냐가 중요한 것이 아니라, 어떻게 했느냐가 더욱 중요한 것이다.

지금 하십시오

미국의 시인 로버트 해리는 그의 시 〈지금 하십시오〉에서 다음과 같이 표현했다.

"할 일이 있으면 지금 하라, 할 말이 있으면 지금 하라."

오늘은 하늘이 맑지만 내일은 비가 올지 모르는 것처럼 내일 무슨 일이 일어날지는 아무도 모른다. 그렇기 때문에 지금이 중요하고, 지금 열심히 하라는 말이다.

　매우 현실적인 표현이 아닐 수 없다. 나중에 후회하지 않기 위해서는 지금 열심히 노력하고, 지금 열렬히 사랑하고, 지금 사랑한다는 말도 더 많이 하고, 지금 사랑하는 이들과 더 많은 시간을 보내야 한다.

　지금이란 시간이 항상 자신 곁에 있다고 생각하지 마라. 시간을 아껴야 한다. 시간은 시간을 어떻게 활용하느냐에 따라 나를 새로운 인생으로 살게도 하고, 전혀 다른 인생으로 살게도 한다.

　시간을 연인처럼 사랑하라.

　시간은 그 시간을 사랑하는 자를 사랑한다.

Tip
Life Point

할 일을 두고도 미루는 사람들이 있다. 그런 사람들은 지금 못하면 내일 하면 되고, 내일 못하면 그 다음 날 하면 된다는 심리로 가득 차 있다. 미루는 것은 나쁜 버릇이다. 미루는 만큼 마이너스 인생을 사는 것이다. 고대 그리스 시인 호라티우스는 말했다.

"오늘을 마지막인 듯이 살아라."

그렇다. 오늘은 지나가면 더 이상 오늘이 아니다. 이미 과거이다. 그런데도 시간을 낭비한다면 남보다 잘되어야겠다는 꿈을 버려라. 자신이 시간을 허비하는 동안 자신의 경쟁자는 땀을 흘리며 시간과 씨름을 한다는 것을 명심하라. 시간은 정직한 에고이스트이다. 시간을 아낌없이 사랑하라.

처음 마음과 늘
같은 마음으로 살기

01 곡학아세(曲學阿世)

도리를 어기고 진리를 잘못 이해한 학문을 가지고 시세나 권력에 아부하는 것으로, 학문을 바르게 사용해야 함을 뜻한다.

02 공평무사(公平無私)

어느 쪽에도 치우치지 않고 자신의 개인적인 감정이나 이익을 떠남을 이르는 말로, 매사에 어느 쪽에도 치우치지 말라는 뜻이다.

03 과이불개(過而不改)

잘못한 줄 알면서도 고치지 않으면 그것 또한 잘못이라는 말로, 잘못한 것은 즉시 고쳐야 함을 뜻한다.

04 군자삼락(君子三樂)

군자가 즐기는 세 가지 조건으로, 첫째는 부모가 건재하고 형제가 무고한 것, 둘째는 하늘을 우러르고 땅을 굽어보았을 때 남에게 부끄러움이 없는 것, 셋째는 천하의 재주 있는 젊은이를 모아 교육하는 것을 뜻한다.

05 소탐대실(小貪大失)

작은 것을 탐하다 큰 것을 잃는다는 말로, 작은 것에 탐욕을 부리지 말라는 뜻이다.

06 달인대관(達人大觀)

널리 도리에 통달한 사람은 작은 일에 끌리지 않고, 높은 견지에서 전체를 잘 꿰뚫어 보아, 바른 판단을 내려 그르치는 일이 없음을 뜻하는 말이다.

07 대담부적(大膽不敵)

사물을 두려워하지 않고, 적을 삼지 않음을 이르는 말로, 대담하여 어떤 일에도 흔들리지 않음을 뜻한다.

08 독립독행(獨立獨行)

남에게 의지하지 않고, 자기의 힘으로 자기가 믿는 것을 행함을 뜻한다.

09 독서삼여(讀書三餘)

독서하기 좋은 세 가지 여가로, 첫째는 농사일이 없는 겨울, 둘째는 밤, 셋째는 비 오는 날을 일컫는다. 즉 시간을 내서 책을 읽어야 함을 뜻한다.

10 독단전행(獨斷專行)

남에게 의논하지 않고, 자기만의 생각으로 판단하고, 자기 맘대로 하는 것을 뜻한다.

11 만고불역(萬古不易)

언제까지나 변하지 않는 것을 뜻하는 말이다.

12 마부위침(磨斧爲針)

도끼를 갈아서 바늘을 만드는 일로, 아무리 어려운 일도 끈기 있게 노력하면 이룰 수 있음을 뜻한다.

13 백절불요(百折不撓)

몇 차례 좌절해도 뜻을 굽히지 않는다는 뜻으로, 실패를 두려워하지 말고 끝까지 해야 함을 의미한다.

14 선인선과(善因善果)

착한 행위에는 반드시 좋은 보상이 따른다는 말로, 착하게 살아야 함을 뜻한다.

15 손자삼우(損者三友)

교제하면 손해가 되는 세 종류의 친구로서, 무슨 일이나 안위한 길을 취하는 사람, 남에게 아첨하는 사람, 입에 발린 말뿐 성의가 없는 사람을 일러 말한다.

16 숙려단행(熟慮斷行)

충분히 생각한 끝에 과감하게 실행에 옮기는 것을 이르는 말로, 무슨 일이든 심사숙고하여 결정하고 과단성 있게 일을 추진함을 뜻한다.

17 양금택목(良禽擇木)

좋은 새는 나무를 가려서 둥지를 튼다는 말로, 어진 사람은 훌륭한 사람(임금)을 가려 섬겨야 함을 뜻한다.

18 연목구어(緣木求魚)

나무에서 물고기를 잡으려고 한다는 말로, 불가능한 일을 억지로 함을 뜻하는 말이다.

19 유언실행(有言實行)

말한 것은 반드시 실행해야 함을 뜻하는 말로, 한번 입 밖에 낸 말은 책임지고 해야 함을 뜻한다.

20 융통무애(融通無碍)

거침없이 통하여 막히지 않는다는 말로, 사고나 행동이 자유롭고 활달함을 뜻한다.

21 익자삼우(益者三友)

교제하면 도움이 되는 세 종류의 친구를 뜻하는 말로, 첫째는 정직한 사람, 둘째는 성실한 사람, 셋째는 지식이 있는 사람을 말한다.

22 이중지련(泥中之蓮)

나쁜 환경에 있어도 그것에 물들지 않는 훌륭한 삶을 이르는 말로, 어떤 좋지 않은 상황에서도 진실성 있게 행함을 뜻한다.

23 자강불식(自强不息)

스스로 힘쓰고 가다듬어 쉬지 아니함을 이르는 말로, 꾸준히 힘써 노력함을 뜻한다.

24 절차탁마(切磋琢磨)

옥, 돌 따위를 갈고 깎는 것과 같이 학문과 덕을 힘써 닦음을 뜻하는 말이다.

25 지족안분(知足安分)

족한 줄을 알아 자기 분수에 만족함을 이르는 말이다.

26 양약고구(良藥苦口)

좋은 약은 입에 쓰다는 말로, 충고는 귀에 거슬리지만 자기에게 유익함을 준다는 의미이다.

27 쾌도난마(快刀亂麻)

엉킨 삼을 잘 드는 칼로 자르듯이, 복잡하게 얽힌 문제들을 솜씨 있고 바르게 처리함을 뜻한다.

28 한신포복(韓信匍匐)

큰 목적을 가진 사람은 눈앞의 부끄러움을 이겨내야 한다는 말로, 자신의 목적을 이루기 위해서는 어떤 것도 참고 이겨내야 함을 뜻한다.

29 무신불립(無信不立)

믿음이 없으면 살아갈 수 없다는 뜻으로, 세상을 살아가는 데 있어 신뢰가 매우 중요하다는 것을 말한다.

30 고진감래(苦盡甘來)

고생 끝에 즐거운 날이 온다는 말로, 아무리 어려운 일도 참고 견디며
노력하면 좋은 날이 온다는 의미이다.

05

Chapter

감동은
무쇠 같은 사람도
어깨를
들썩이게 한다

감동은
무쇠 같은 사람도
어깨를 들썩이게 한다

감동이 있는 삶은 아름답고 행복하다. 감동은 메마른 사람들의 가슴에 기쁨을 주고 행복의 강물을 흐르게 한다. 감동은 인간관계에 있어 없어서는 안 되는 삶의 윤활유이다. 왜냐하면 감동함으로써 이해의 폭을 넓히는 데 큰 도움을 주기 때문이다.

그런데 현대인들은 감동에 점점 무감각해져 간다. 사는 일이 바쁘고, 지나친 개인주의로 인해 자신과 관계없는 일엔 관심을 잘 갖지 않으려고 한다. 한 마디로 무관심하다는 거다. 이런 무관심이 감동을 막아버리는 것이다.

감동하는 삶을 살기 위해서는 타인과 사회에 대한 무관심을 버려야 한다. 다시 말해 타인과 사회에 대해 관심을 갖게 될 때 감동은 오는 것이다.

휴머니즘이 살아 있는 삶을 살아라

요즘 기업 홍보에도 고객에게 감동을 주는 마케팅 전략이 대세다. 고객에게 감동을 주지 못하는 기업은 답보 상태를 면치 못하거나 퇴보하고 만다. 요즘 고객들은 똑똑하다. 얼렁뚱땅 대충 물건을 팔아먹을 생각을 하면 큰 오산이다. 그렇기 때문에 고객에게 감동은 필수이다.

이처럼 감동이 있는 삶은 우리 일상 곳곳에서 큰 효과를 준다는 사실을 간과해서는 안 된다.

휴머니즘이 살아 있는 삶을 살아야 한다. 특히 사회 초년생인 30대들이 반드시 갖추어야 할 마인드는 바로 '감동'이다. 감동이 있는 마인드를 가졌느냐 그렇지 않느냐는 자신에게 큰 영향을 준다. 메마른 심성으로는 아무리 일을 잘해도 그 이상의 효과를 이끌어낼 수가 없다. 하지만 거기에 '감동'이란 플러스가 작용한다면 문제는 달라진다. 그만큼 효과가 커진다. 그러니까 감동이 있는 삶을 살아야 한다는 것이다.

다음 이야기는 감동이 인간관계에서 얼마나 중요한지를 잘 알게 해준다.

타인에 대한 사소한 배려가 큰 감동을 준다

한 남자가 자그마한 보트 한 척을 가지고 있었다.

그는 여름이 되면 가족들을 보트에 태우고 호수로 나가 낚시를 하며 즐거운 시간을 보내곤 했다.

"얘들아, 재미있니?"

"네, 아빠! 무지무지 재밌어요."

"당신은 어때요?"

이번엔 아내에게 물었다.

"저도 물론 재미있지요."

"그래요. 우리 행복한 시간을 보냅시다."

이들 가족은 시간 가는 줄 모르고 즐거운 시간을 보내곤 했다.

여름 내내 즐거운 시간을 보내고, 여름이 지나자 보트를 뭍으로 끌어 올렸다. 그때서야 그는 보트 밑바닥에 구멍이 뚫려 있다는 사실을 알게 되었다. 하지만 그것은 매우 작은 구멍이었고, 어차피 겨울 동안은 보트를 사용하지 않기 때문에 다시 사용하게 될 내년에나 수리해야겠다고 생각하고는 그대로 두었다. 그리고는 페인트공에게 보트에 페인트칠만 새로 부탁했다.

겨울이 지나고 봄이 지나고 여름이 되었다. 그의 두 아이는 어서 보트를 타고 호수로 나가고 싶어 했다.

"아빠! 빨리 보트 타러 가요! 네? 아빠!"

"지금은 안 돼, 아빠가 너무 바쁘거든."

"그러면 아빠, 우리 둘이 조심해서 탈게요."

"그래? 알았다. 그럼, 조심해서 타야 한다. 무슨 일 있으면 큰 소리 쳐라."

"네, 아빠."

남자는 보트에 구멍이 나 있다는 사실을 까맣게 잊어버리고 두 아이에게 보트를 타도 좋다고 승낙했다. 그가 보트에 구멍이 뚫려 있다는 사실을 깨닫게 된 것은 이미 두 시간이 지난 뒤였다. 게다가 아이들은 수영을 하지 못했다.

"이, 이를 어쩌지! 크, 큰일 났구나."

남자는 허둥거리며 밖으로 뛰어나갔다. 그러고는 호수를 향해 미친 듯이 달려갔다. 그런데 놀라운 일이 그의 눈에 들어왔다. 큰일이 난 줄 알았던 두 아이가 보트를 뭍으로 끌어올리고 있었던 것이다.

"오! 세상에 이런 일이 다 있다니!"

그도 그럴 것이 아이들이 죽은 줄로만 알았기 때문이다. 그는 두 아이를 반갑게 끌어안고는 한동안 그대로 있었다. 영문을 모르는 아이들은 동그래진 눈으로 말했다.

"아빠, 갑자기 왜 그래요? 무슨 일 있어요?"

"아냐, 그대로 있어. 그냥, 아빠가 너희들을 안아주고 싶어서 그러는 거야."

그는 이렇게 말하며 아이들의 얼굴을 어루만졌다. 그리고 그는 보트 바닥을 살펴보았다. 그런데 구멍 난 밑바닥을 누군가가 말끔히 수리를 해놓았던 것이다.

"이, 이럴 수가! 누가 수리해놓았지?"

그는 혼잣말로 중얼거렸다. 그런데 지난겨울 보트에 페인트칠을 했던 페인트공이 생각났다. 그는 페인트공을 찾아갔다. 그리고 그에게 사례금을 내놓았다.

"아니, 이게 무슨 돈입니까?"

아무것도 모르는 페인트공은 의아한 얼굴로 말했다.

"사실 그 보트에 구멍이 나 있었는데 수리한다는 걸 깜빡 잊고 아이들에게 호수에서 보트 놀이를 하라고 했습니다. 그리고 두 시간 후 보트에 구멍이 뚫려 있다는 게 생각나 아이들에게 큰일이 났겠구나, 하고 달려가보니 아, 글쎄 아이들은 멀쩡하고 보트 구멍도 수리가 돼 있지 뭡니까? 얼마나 감사하고 고맙던지……. 그래서 이렇게 찾아왔습니다. 보트에 구멍 난 것을 본 사람은 나 외에 당신밖에 없으니까요."

"아, 그랬군요. 페인트를 칠하는데 구멍이 나 있기에 손본 것뿐입니다. 이 돈은 받을 수 없습니다."

"아닙니다. 너무도 감사한 마음에서 드리는 것이니 받아주세요."

남자는 이렇게 말하며 머리 숙여 깊이 감사해했다. 페인트공 얼굴에도 기쁨의 꽃이 활짝 피어났다.

이 이야기는 《탈무드》에 나오는 한 대목이다. 나는 이 이야기를 읽고 큰 감동을 받았다. 보트에 페인트칠만 해도 자신의 역할은 충분한데도 페인트공은 보트 주인이 부탁하지도 않았는데 구멍 난 보트를 수리한 것이다. 그의 세심함으로 이야기 속의 두 아이는 소중한 목숨을 지킬 수 있었다.

이 이야기의 '감동'의 요소는 배려이다. 페인트공이 보여준 배려를 메마른 현대사회에서 적용시킨다면 자신은 물론 주변 사람들에게 감동을 줌으로써 자신의 이미지를 한껏 부각시킬 수 있는 좋은 계기가 되어줄 것이다.

이 이야기를 통해 감동이 있는 삶이 얼마나 아름답고 행복한 것인지를 잘 알았을 것이다. 지금 보다 더 나은 행복을 원한다면 감동이 있는 내가 되자. 내가 먼저 감동을 주면 상대 역시 감동으로 보답하려고 한다.

감동이 있는 30대가 돼라. 감동은 그대를 더욱 돋보이는 사람이 되게 할 것이다.

Tip
Life Point

감동을 주는 사람이 되어야 한다. 감동은 나와 너, 나와 우리의 관계를 보다 더 원활하게 이어주는 매개체이다. 그래서 감동을 주는 사람이 더 큰 행복을 느끼고, 더 깊은 인간관계를 유지함으로써 좋은 이미지를 심어주고 더 나은 삶을 살아간다. 그런데 안타깝게도 우리 사회에 감동이 점점 사라지고 있다. 타인과 사회에 대한 지나친 무관심으로 인한 결과이다. 무관심은 정서를 메마르게 하는 주범이다. 타인과 사회에 대해 관심을 갖게 된다면 감동 있는 삶을 살게 될 것이다. 감동을 주는 사람이 돼라. 감동이 있는 삶을 사는 그대가 돼라.

02

꼭 있어야 할 친구,
반드시 버려야 할 친구

친구는 많을수록 좋다고 한다. 그렇다. 친구는 많을수록 좋다. 그러나 이는 어디까지나 피상적인 이야기에 불과하다. 어려운 일을 겪어본 사람은 안다. 이 말이 얼마나 허무하고 무가치한지를.

친구를 사귈 때 어려움에 처한 상황에서 사귀는 것과 모든 것이 평탄한 가운데 사귀는 것엔 큰 차이가 있다. 자신이 어려울 때 사귄 친구는 그 친구가 나의 어려운 상황을 이해하고 받아들였으므로 차후에 어떤 일이 있다 하더라도 나를 믿어주고 힘이 되도록 노력할 것이다.

그러나 평탄한 가운데 사귄 친구는 나의 평탄한 모습만 보았기 때문에 나중에 어려운 일을 겪게 되면 나에게서 멀어지게 될지도 모른다. 혹시라도 자기에게 부담이 되는 일이 생기지 않을까 염려해서다.

우리는 주위에서 이런 경우를 종종 목격하거나 경험하게 된다. 그렇다고 해서 이를 탓할 필요는 없다. 사람이란 음지보다는 양지를 좋아하는 존재인 까닭이다.

　그러나 여기서 반드시 짚고 넘어갈 게 있다. 어떤 친구가 꼭 필요하고, 반드시 버려야 할 친구는 어떤 친구인가를.

곁에 두어야 할 친구는 어떤 친구인가

　익자삼우益者三友라는 말이 있다. 이는 교제하면 도움이 되는 세 종류의 친구를 뜻하는 말로, 첫째는 정직한 사람이며, 둘째는 성실한 사람이며, 셋째는 지식이 있는 사람이다.

　정직한 사람은 거짓이 없고 진실하니 나에게 빛과 같은 존재이며, 성실한 사람은 매사에 부지런하고 열심이니 나에겐 거울과 같은 사람이며, 지식이 있는 사람은 현명하고 혜안이 밝은 사람이니 나의 부족함을 일깨워주기에 부족함이 없는 사람이다.

　이런 친구는 꼭 있어야 할 친구이며 많으면 많을수록 좋다.

　손자삼우損者三友라는 말이 있다. 이 말은 교제하면 손해가 되는 세 종류의 친구로서, 첫째는 무슨 일이나 안위한 길을 취하는 사람이며, 둘째는 남에게 아첨하는 사람이며, 셋째는 입에 발린 말뿐 성의가 없는 사람을 일러 말한다.

　무슨 일이든 안위한 길을 쫓는 사람은 기회주의자와 같아 허세가 많은 사람이니 내게 덕이 안 되는 사람이며, 아첨하는 사람은 옳지 않은 일이라도 자기의 유익을 위해서는 없는 말 있는 말 다 지어내 아부를 떠니 내게는 거짓을 심어주는 사람이며, 성의가 없는 사람은 진실하지 못하니 내게 허물과 같아 백해무익한 사람이다. 이런 친구는 차라리 없는 것이 좋으니 반드시 버려야 할 친구다.

물질과 목숨을 함께 나눌 수 있는 친구

좋은 친구의 대명사로 널리 알려진 윈스턴 처칠과 알렉산더 플레밍을 보자.

처칠은 가난한 시골 친구 플레밍을 아버지에게 부탁하여 런던으로 불러올려 그의 꿈인 의사 공부를 시킨다. 처칠의 도움으로 의사가 된 플레밍은 푸른곰팡이를 발견하여 신비의 약이라 불리는 페니실린을 발명한다. 그는 자신이 만든 페니실린으로 생사의 갈림길에서 신음하던 처칠을 살린다. 이로써 플레밍은 두 번이나 처칠의 목숨을 구해주었다.

그렇다면 처칠은 어째서 플레밍에게 의학 공부를 시켰던 것일까? 그 이유는 어린 시절 물에 빠진 자신을 플레밍이 구해주었기 때문이다. 처칠은 자신의 목숨을 살려준 플레밍의 은혜를 갚기 위해 그에게 의사의 꿈을 이루게 해준 것이다.

여기서 처칠의 휴머니즘을 알 수 있다. 어린 나이에도 자신에게 도움을 준 친구를 잊지 못해 도움을 준다는 것은 그만큼 처칠의 생각이 깊고 마음이 따뜻하다는 것을 알 수 있게 한다. 그랬기에 그 둘은 좋은 친구의 대명사로 많은 사람들에게 깊은 감동을 주었다.

이 이야기를 통해 알 수 있듯 진정한 친구란 처칠과 플레밍처럼 물질과 목숨을 함께 나눌 수 있는 친구를 말한다.

진실한 친구 세 명이면 충분하다

재덕은 지금도 그 친구를 생각하면 가슴 한쪽이 따끔거린다. 그에게는 20년 지기 친구 문수가 있다. 그 둘은 대학 시절부터 그 누구보다도 서로를 위해주는 마음이 각별해 주변 사람들에게 부러움을 샀다.

콩이 있으면 반쪽으로 나누어 먹었고, 누가 아프기라도 하면 밤을 지새우며 간호해주었다. 둘은 결혼을 해서도 여전히 변함없는 우정을 나누었다.

재덕은 대기업 사원으로 입사해 승승장구하며 미래를 향해 나아갔다. 재덕은 물질적으로 어려운 문수를 위해 가끔씩 돈도 부쳐주었고, 먹을 거며 아이들 옷과 책 등을 철마다 보내주었다. 반면 문수는 시골을 전전하며 생활하였다. 그렇지만 둘은 여전히 깊은 우정을 갖고 서로를 격려하며 친구의 정을 쌓아나갔다.

그런데 언제부턴가 그 둘 사이에 서서히 금이 가기 시작했다. 재덕이 잘되면 잘될수록 문수는 그와의 거리를 두기 시작했다. 재덕이 좋은 집을 사고 좋은 차를 타는 걸 시기하기 시작했다. 그리고 자신은 반드시 재덕을 넘어서겠다는 굳은 결심을 하기에 이르렀다.

그러는 가운데 20년의 세월이 흘렀다.

승승장구하던 재덕은 자신이 하고 싶은 일을 하기 위해 퇴직을 하고 벤처기업을 차렸다. 그런데 한동안 잘 운영되던 회사가 그만 부도가 나서 문을 닫고 말았다. 그 바람에 재덕은 모든 것을 잃고, 게다가 사랑하는 아내로부터 이혼을 당하고 말았다. 나락으로 떨어진 재덕은 이를 악물고 재기의 길을 걷고 있다.

　그러는 동안 문수는 부동산 일을 하며 제법 많은 돈을 모았다. 그는 42평 아파트에 살며 중형 승용차를 끌고 다닐 정도로 안정적인 삶을 누리고 있지만, 재덕이 잘못된 뒤로 소식을 끊고 말았다. 재덕이 자신에게 베푼 일들을 까맣게 잊은 것이다. 재덕은 문수가 왜 연락을 끊고 사는지 알 수 없었지만, 그를 생각하면 가슴이 아팠다.

　재덕은 문수뿐만 아니라 자기 주변의 친구들과도 끊고 지낸다. 거기엔 그럴 만한 이유가 있다. 자신이 연락을 하면 무언가를 부탁하는 것으로 알고 일부러 피하기 때문이다. 이런 사실을 아는 재덕으로서는 더 이상 연락을 할 이유가 없었던 것이다. 재덕은 새로이 인연을 맺은 사람들과 좋게 지내려 하고, 또 좋게 지내고 있다.

　재덕은 생각했다. 좋은 친구란 과연 무엇인지를. 그리고 그가 내린 결론은 좋은 친구란 별로 없다, 라는 것이다. 이익을 쫓아 사귀는 세대들에겐 자기 유익대로 살아주는 친구가 좋은 친구라면 좋은 친구일까, 아무튼 좋은 친구라는 개념을 재정리할 필요가 있다는 게 재덕의 생각이다.

　굳이 많은 친구를 사귀려고 애쓰지 마라. 지천명을 넘기며 살아온 인생 선배로서 말하노니 이를 귀담아들으면 덕이 될 것이다.

앞에서 말한 익자삼우와 같은 진실한 친구 세 명만이라도 자신의 곁에 둘 수 있도록 노력하라. 그러기 위해서는 먼저 좋은 친구가 되도록 노력해야 한다. 좋은 친구는 좋은 친구를 알아보는 법이니까.

Tip
Life Point

류카트는 말했다.

"참다운 우정은 뒤에서 보아도 같다. 앞에서 보면 장미, 뒤에서 보면 가시라면 참다운 우정이 아니다. 참다운 우정은 죽는 그 순간까지 변치 않아야 한다."

이 말에서 보듯 그 어떤 상황에서도 변치 않는 친구가 참된 친구다. 그러나 이런 친구를 찾아보기가 쉽지 않은 것이 현대사회다. 그러나 내 자신이 진실하다면 진실한 친구는 반드시 만나게 될 것이다. 나와 같은 생각을 하는 사람이 어딘가에는 반드시 존재할 테니 말이다. 정직하고, 성실하고, 지식이 있는 익자삼우와 같은 사람이 돼라. 그러면 그런 친구들을 만나게 될 것이다.

감동은 무쇠 같은 사람도
어깨를 들썩이게 한다

한번
흘러간 강물은
거슬러 오르지 않는다

어느 날 서른세 살 된 젊은이가 전화를 했다. 《청춘, 자신을 존중하고 축복하라》라는 책을 읽고 내게 조언을 듣고 싶다고 했다.

그가 내게 말한 내용이다. 그에겐 고등학교 때부터 사귀던 여자가 있었다. 둘은 너무도 사랑했고 결혼을 하기로 했다. 대학을 졸업한 그들은 각자 직장생활을 하며 자신들의 미래에 대한 꿈에 부풀어 있었다.

그런데 어느 날 안타깝게도 그의 여자 친구가 사고를 당하고 말았다. 차를 몰고 가다 빗길에 미끄러져 차가 전복된 것이다. 그 사고로 그만 소중한 목숨을 잃고 말았다.

지나간 아픔에 빠져 살아간다면

그는 뜻밖의 일을 접하고 큰 충격을 받았다. 그녀를 보내고 나서 2년 동안 하루도 빠짐없이 그녀가 잠들어 있는 곳을 다녀왔다. 그러나 그러면 그럴수록 더욱 괴롭다고 했다. 병원에도 다녀보고, 여행도 해보고, 여자도 사귀어보려 했으나 아무런 도움이 되지 않는다고 했다. 그는 그런 자신에게 힘이 되어달라고 했다.

그의 말을 듣고 이렇게 말했다.

"H씨가 겪는 고통이 얼마나 큰지 나는 잘 모릅니다. 하지만 말할 수 없이 클 거라는 게 내 생각입니다. 인간이란 본시 빨간 카펫이 깔린 길을 가듯 살아가는 존재는 아닙니다. 인간은 고통과 기쁨이라는 두 가지의 마음을 안고 사는 존재니까요. 그래서 영원한 고통도 없고, 영원한 기쁨도 없는 것입니다. 다만 고통을 어떻게 받아들이느냐, 기쁨을 어떻게 받아들이느냐의 차이일 뿐이지요. 지금 H씨가 겪는 고통은 H씨 인생에서 이미 주어진 삶의 미션과 같은 것일지도 모릅니다. 말하자면 H씨가 H씨 인생에서 반드시 풀고 가야 할 과제라는 것이지요. 그런데 그것을 부인한다면 어떻게 될까요. 그것은 자신을 포기하는 것과 같겠지요. 소크라테스는 '포기할 것은 포기하라'고 했습니다. 또 에픽테토스는 '내게 주어지는 대로 받아들이라'고 했습니다. 나는 이 말에 전적으로 동의합니다. 내 나이가 지천명을 넘고 보니 이 말이 무엇을 의미하는지 확연히 알게 되었지요. 인생은 아무리 노력해도 안 되는 게 있고, 뜻밖에도 우연히 찾아오는 행운도 있습니다. 이것이 인생입니다. H씨가 지금 겪고 있는 고통은 H씨가 의도한 것은 아니지만 갑작스럽게 일어난 일입니다. 이것은 누구의 잘못도 아닙니다. H씨 인생에서 스쳐 지나는 바람같이 그냥 찾아온 것입니다. 바람이 부는데 피한다고 피할 수 없는 것처럼 인생이란 벌판에서 피해 갈 수 없는 바람이었던 것입니다. H씨, H씨는 그녀에게 할 만큼 했습니다. 그녀도 H씨가 지금처럼 지내길 원치 않을 겁니다. 지금 이런 H씨를 그녀가 보고 있다면 아마 많이 슬퍼할 겁니다. 그래서 몹시 괴로워할 거예요. 이젠 그만 H씨가 사랑했던 그녀를 위해 그 고통의 바다에서 나오기 바랍니다. 그것이 그녀를 편안히 해주는 일이며 그녀가 바라는 일일 겁니다. 이제부터는 H씨가 열심히 살아가는 모습을 보여주세요. 그것이 H씨와 그녀를 위해 필요한 일이니까요."

그는 내 말에 흐느껴 울었다. 내 가슴도 아팠다. 사랑을 잃은 자의 깊은 슬픔을 공유한다는 것은 내게도 고통이었으니까.

나는 그가 눈물을 멈출 때까지 기다려주었다. 잠시 후 그가 말했다. 이제는 그녀를 편안하게 해주겠다고. 그리고 열심히 사는 모습을 보여주겠다고. 나는 그의 말을 듣고 잘 생각했다며 위로해주었다.

지금도 그 젊은이의 울먹이는 목소리가 귓가를 스치운다. 그는 아마 잘 지내고 있을 것이다.

과거의 고통에 매달리면 자신은 물론 가족을 비롯한 주변 사람들도 힘들어진다. 과거에 매여 산다는 것은 비생산적이고 비창조적이다. 잊을 건 잊어야 한다. 아무리 잊기 힘든 일도 잊어야 한다. 그래야 자신이 살 수 있다. 그렇지 않으면 찾아오는 것은 불행의 그림자일 뿐이다. 과거는 말끔히 지우고 가는 현명한 그대가 돼라.

후회와 괴로움을 씻고 새로운 마음으로 나아가라

나는 우리의 30대에게 바란다.

나쁜 과거는 빨리 잊어버려야 한다. 그것이 실수로 생긴 일이든, 잠깐의 그릇된 판단으로 생긴 일이든 잊고 새로운 마음으로 무장하라.

또한 나쁜 것은 배우지도 말고 생각하지도 말아야 한다. 그런 것은 배워봤자 하등 도움이 안 된다는 것을 젊은 날의 경험으로 충분히 알 수 있었기 때문이다.

직장생활을 하다 보면 삐뚤어진 시각을 갖고 있는 선배들을 많이 보게 될 것이다. 그들이 행하는 일들을 무시하고 돌 보듯 하라. 그것을 답습하는 자는 그들과 똑같은 사람이 된다. 그것은 자신에게 매우 불행한 일이 될 것이다.

인생은 길다고 생각하면 길다. 그 긴 세월을 살아가는 동안 많은 방해물들이 있을 것이다. 그럴 때마다 자신을 존중하고 사랑한다면 그 모든 것들을 능히 이겨낼 수 있음을 명심하기 바란다.

Tip
Life Point

살아가다 보면 겪지 않았으면 하는 것들이 있다. 실패, 좌절, 절망, 슬픔 같은 일들이다. 그러나 이것은 인간의 삶에는 어쩔 수 없이 겪게 되는 일들이다. 이럴 때 우매한 자는 과거에 매달려 징징거린다. 극단적인 사람은 자신을 포기하기도 한다. 이는 바람직하지 못한 자세다. 바람직한 삶을 살기 위해서는 잊는 기술에 익숙해야 한다. 그렇다면 현명한 자는 어떨까? 현명한 자는 과거에 집착하지 않는다. 더구나 불행한 과거라면 더더욱 집착하지 않는다. 그래봐야 좋을 게 하나도 없다는 걸 알기 때문이다. 그렇다고 해서 모두를 다 잊으라는 건 아니다. 좋은 기억은 생산적인 에너지를 주므로 얼마든지 기억해도 좋다. 과거는 흘러가버린 강물과 같다. 한번 흘러간 강물은 되돌릴 수 없다. 특히 불행했던 과거에 기대 시간을 쏟지 마라. 현재가 중요하며, 늘 미래를 생각하라.

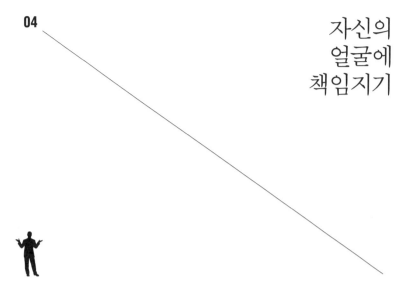

04

자신의 얼굴에 책임지기

인도의 사상가 타고르는 말했다.

"삶의 권리를 위한 온갖 희생을 치를 때 우리는 자유를 획득한다."

이 말이 뜻하는 것은 무엇일까?

인간의 권리인 자유는 그 어떤 대가를 치러 얻어지는 것이라는 말이다. 즉 책임 있는 희생과 결행에 의한 결과라는 것이다. 책임을 진다는 건 쉽지 않은 일이지만, 책임져야 할 일에 책임을 지는 것은 아름답고 멋진 일이다.

지금 우리가 누리는 자유와 평화는 인생의 선배들이 목숨 걸고 싸운 끝에 얻어낸 승리의 결과이다. 그런데 지금 우리는 그들이 이루어낸 자유와 평화의 가치에 맞게 살아가고 있는지를 한 번쯤 생각해볼 필요가 있다. 그들이 책임지고 한 일에 누를 끼쳐서는 안 되지 않을까.

사회적인 책임이든, 국민으로서의 책임이든, 가장으로서의 책임이

든, 자식으로서의 책임이든, 교사로서의 책임이든, 공직자로서의 책임
이든, 직장인으로서의 책임이든, 학생으로서의 책임이든, 스스로를 책
임지는 것이든, 책임진다는 건 매우 중요한 일이다.

끝까지 책임지는 사람이 세상을 아름답게 밝힌다

책임을 회피하는 사람보다 비굴한 사람은 없다. 반면에 자신의 책임
을 끝까지 완수하는 사람처럼 멋진 사람은 없다.

책임이란 무엇인가?

자신이 맡은 일을 끝까지 자신이 해결하려는 의지와 행위를 말한다.
그런데 자신에게 주어진 일을 해결하려는 의지만으로 책임을 다했다
고는 할 수 없다. 의지에 대한 실천적 행위가 수반되어야 하는 것이다.

책임이란 곧 의무다. 그런데 이런 의무를 저버린다면 그런 사람을 어
떻게 신뢰할 수 있겠는가. 신뢰받는 사람이 되기 위해서는 반드시 책임
을 지는 사람이 되어야 한다.

얼마 전에 있었던 일이다.

아이들이 막 학교를 나서고 있었다. 그런데 바로 그때 경사진 곳에
세워두었던 버스가 학생들 쪽으로 내려오기 시작했다. 그것을 본 버스
기사는 아이들에게 피하라고 소리친 후 자신의 몸을 날려 버스를 막아
섰다. 그러나 연약한 사람의 몸으로 커다란 버스를 막아낸다는 것은 불
가능했다. 버스 기사는 학생들을 구하고 대신 희생되고 말았다.

나는 크게 감동하였다. 하나뿐인 자신의 목숨을 던져 학생들을 구한 버스 기사의 살신성인은 요즘같이 자기만 아는 시대에 빛과 같은 이야기가 아닐 수 없다.

우리 사회가 이만큼이라도 발전하고 유지될 수 있는 것은 그 버스 기사와 같이 빛과 소금의 역할을 다하는 사람들이 있기 때문이다. 자신의 책임을 다하지 못함으로써 사회, 단체, 또는 회사에 피해를 입혔을 땐 자신의 과오를 솔직하게 고백하고 최선을 다하여 보상하는 자세를 가져야 한다. 그것이 사람으로서의 도리며 책임이다.

얼마 전 피땀 흘려가며 연구한 기술을 돈을 받고 중국에 팔아넘기려다 잡힌 일당이 있다. 아무리 돈에 눈이 멀어도 그렇지 어떻게 그 소중한 기술을 중국에 팔아넘길 생각을 했을까. 그것은 나라를 팔아먹는 것과 같다. 이처럼 무모하고 책임감 없는 사람들은 대체 무슨 생각으로 그 엄청난 일을 저지르려고 했을까. 심히 유감스럽다.

많은 국민들은 이 어처구니없는 일에 분노했다. 그들의 정보를 입수하고 사전에 막았기에 망정이지 윤리와 도덕도 모르는 몰지각한 중국 기업에 넘어갔더라면 어떻게 되었을까. 그 생각만으로도 아찔하다. 이들처럼 책임을 스스로 저버리는 짓은 하지 말아야 한다.

자기 자신을 책임지는 사람이 되기 위해서는

그렇다면 책임 있는 사람이 되기 위해서는 어떻게 해야 할까?

첫째, 잘못된 일엔 솔직하게 시인하고 책임을 지는 자세를 가져라. 그러면 자신의 실수를 용서받고 새롭게 심기일전할 수 있는 기회를 얻을 수 있다.

둘째, 항상 마음을 가다듬고, 자신에 대해 돌아보라. 그래서 자신이 잘못된 생각을 하고 있다면 바로잡아야 한다. 그래야 책임감 있는 사람으로 인정받을 수 있다.

셋째, 뇌물은 모든 부정의 근본이다. 뇌물은 주지도 말고 받지도 마라.

넷째, 자신이 맡은 일은 목숨을 걸고서라도 행하라. 그러면 반드시 좋은 결과를 얻게 되어 스스로에게 만족하게 된다.

다섯째, 자신이 하는 일에 긍지를 가져라. 그러면 스스로를 저버리는 무책임한 일은 벌이지 않는다.

여섯째, 자신이 하는 일은 자신이 최고가 되기 위해 노력하라. 그런 자부심만 가질 수 있다면 그 어떤 상황에서도 자신의 책임을 다하게 된다.

이 여섯 가지를 가슴에 품고 늘 생각하고 행동한다면 그물에 걸리지 않는 바람처럼 자유로운 삶을 살아가게 될 것이다.

삶은 아름다운 현실의 실체이다. 이토록 아름답고 소중한 삶을 헛되이 보낼 수는 없다. 이것이야말로 인간의 책임이며 본연의 의무임을 잊지 말아야 하겠다.

Tip
Life Point

링컨은 나이 마흔이면 자신의 얼굴에 책임을 지라고 했다. 이런 책임이 어디 마흔의 나이에만 해당되겠는가. 책임지는 일은 10대든, 20대든, 30대든, 40대든 나이를 가리지 않는다. 책임질 일이 있다면 당연히 책임을 져야 한다. 그것이 옳은 삶의 자세이다. 지금 우리 사회에서는 책임지지 않으려는 사람들이 연일 뉴스를 장식한다. 부정으로 얼룩진 국회의원, 뇌물을 받은 부도덕한 공무원, 비리에 눈이 먼 사람들에 대해 연일 말대포를 쏘아댄다. 그러나 당사자들은 눈도 하나 깜빡 안 한다. 뻔뻔스럽기가 하늘을 찌른다. 어떻게 그런 위인들에게 나랏일을 맡길 수 있단 말인가. 자신이 맡은 일에 책임지지 못하는 사람은 두 번 다시는 그 어떤 일도 맡기지 말아야 한다. 그것은 고양이에게 생선을 맡기는 것과 같다. 책임을 다하는 사람이 돼라.

칭찬하는 습관이
성공을 부른다

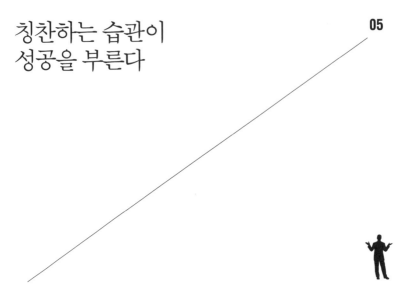

05

"나는 칭찬 하나로 두 달을 살 수 있다."

이 말은 동화 《왕자와 거지》로 유명한 마크 트웨인이 한 말이다. 칭찬이 주는 에너지가 한 인간에게 미치는 영향이 얼마나 큰지를 단적으로 알게 해주는 말이다. 누구나 이 말에 대해 부인할 수 없을 것이다. 가만히 생각해보라. 자신이 칭찬을 들었을 때 어떤 기분이 드는지를.

칭찬은 사람뿐만 아니라 동물도 말을 잘 듣게 하고, 춤을 추게 한다. 개를 훈련시킬 때 잘했을 땐 반드시 칭찬을 해야 한다. 그러면 개도 칭찬을 받기 위해 더 잘하려고 한다.

칭찬은 그 사람의 능력을 극대화시킨다

동화의 아버지 안데르센은 어린 시절 자신이 쓴 글을 사람들에게 읽어주었다. 그런데 사람들의 반응이 신통치 않았다. 어린 안데르센은 사람들이 반응을 보이지 않자 고개를 숙인 채 의기소침했다. 그런 데다 이웃 아주머니가 한 말이 그의 마음을 슬프게 했다.

"얘야, 네가 쓴 글은 재미가 없단다. 그래가지고 무슨 글을 쓴다고 그러니? 그 시간에 차라리 다른 일을 하렴."

아주머니의 말을 듣자마자 안데르센의 눈에서는 닭똥 같은 눈물이 주르르 흘러내렸다. 그 모습을 본 안데르센의 어머니는 안데르센에게 조용히 말했다.

"아들아, 울지 마렴. 엄마가 보기에 너는 장차 좋은 글을 쓰는 사람이 될 거야. 그런데 한 가지 명심할 것은 꾸준히 열심히 써야 한단다. 저 활짝 핀 꽃도 꽃이 피기 전엔 작은 꽃봉오리에 불과했단다. 그런데 햇살을 받고 비를 맞으며 무럭무럭 자라서 저와 같이 예쁜 꽃이 되었단다. 넌, 지금 꽃봉오리와 같단다. 열심히 노력하면 분명히 좋은 작가가 될 거야. 그러니까 힘내, 우리 아들. 알았지?"

"네, 엄마. 난 반드시 훌륭한 작가가 될 거예요."

안데르센은 주먹으로 눈물을 훔치며 말했다.

"그래, 반드시 그렇게 될 거야."

어머니는 이렇게 말하며 안데르센의 볼을 어루만져주었다.

어머니의 말에 용기를 얻은 안데르센은 닥치는 대로 책을 읽고, 좋은 생각이 날 때마다 열심히 글을 썼다. 그렇게 꾸준히 노력하자 몰라보게 글이 달라졌다. 그리고 마침내 그가 쓴 동화는 사람들에게 큰 감동을 주며 그를 유명한 작가가 되게 했다. 그가 쓴 동화는 전 세계에 널리 퍼졌고, 그는 세계 최고의 동화 작가가 되었다.

어머니의 칭찬에 힘입어 최고의 동화 작가가 된 안데르센. 역시 칭찬의 힘은 대단했다. 그다지 특별하지 않았던 안데르센을 세계 최고의 동화 작가가 되게 했다는 걸 보면 잘 알 수 있다.

에디슨이 최고의 발명가가 된 데에는 역시 그의 어머니의 영향이 절대적이었다. 하는 짓마다 엉뚱해 마을 사람들은 물론 학교 선생님까지 어린 에디슨을 저능아 취급했다. 하지만 그의 어머니만큼은 아들의 생각이 특별하다고 믿고 아낌없는 격려와 칭찬을 해주었다는 건 널리 알려진 사실이다. 그는 결국 세계 최고의 발명가가 되었다.

이러한 에디슨의 칭찬 한마디에 세계 최고의 자동차 왕국을 설립한 사람이 있다. 그는 에디슨을 가장 존경했고, 늘 에디슨처럼 되기를 갈망하였다. 그는 바로 세계 최고의 자동차 회사를 설립한 헨리 포드이다.

잘되는 집단에는 칭찬하는 소리가 끊이지 않는다

칭찬의 효과는 잘되는 기업이나 잘되는 단체, 잘되는 학교 등 곳곳에서 증명되고 있다. 칭찬 잘하는 CEO 밑에 칭찬 잘하는 부서장이 있고, 칭찬 잘하는 부서장 밑에 칭찬 잘하는 팀장이 있다. 이런 기업은 기대 이상으로 좋은 결과를 낸다고 한다.

그러나 칭찬에 인색하고 잔소리만 해대는 기업은 능률이 저하되어

나쁜 결과를 낸다고 한다. 이런 예를 보더라도 칭찬의 효과는 실로 크다는 걸 잘 알 수 있을 것이다.

칭찬은 아무리 해도 아까울 것이 없는 아름다운 행위다. 칭찬하는 사람의 얼굴은 맑고, 밝고, 부드럽고, 온화하며 자신감이 넘친다. 또한 매사에 능동적이고, 적극적이며, 막힘이 없다.

칭찬은 너그럽고 깊은 마음에서 우러나오는, 너무도 따뜻한 인간의 마음을 대변하는 거울이라고 할 수 있다.

그런데 대개의 사람들은 칭찬에 너무 인색한 것 같다. 칭찬하는 것이 싫어서 그런 것도 아닌 것 같은데 이상하리만치 칭찬을 아낀다. 이는 칭찬하는 데 익숙하지 않아서이다.

칭찬도 습관이다. 습관적으로 칭찬이 몸에 밴 사람은 아주 능숙하게 칭찬을 한다. 그러나 칭찬이 습관이 안 된 사람은 칭찬하는 것을 어색하게 여기며 몸을 사린다. 또 의도적으로 칭찬을 거부하는 사람이 있다. 칭찬을 하면 상대방보다 자신이 못나 보인다는 생각에서다. 이런 사람은 오만과 편견에 빠져 자신을 들여다보는 데 인색하다. 다시 말해 자신의 잘못된 생각이나 행동을 바로 보지 못하고 자신의 일거수일투족을 정당화하는 데 익숙한 사람이다.

칭찬은 삶을 아름답게 만드는 에너지다

그러면 칭찬이 사람에게 미치는 영향에 대해 알아보자.

첫째, 칭찬은 상대에게 자신감이 넘치는 사람이라는 인식을 심어준다. 이러한 칭찬을 듣게 되면 상대는 더 잘하려고 노력한다.

　둘째, 칭찬은 상대의 마음을 따뜻하게 해준다. 칭찬을 받은 사람은 기분이 좋아져 자신의 주변 사람들에게 잘하려고 한다. 이런 마인드가 좋은 결과를 낳는 것이다.

　셋째, 칭찬은 능력을 끌어올린다. 안데르센의 경우에서 보듯 칭찬은 강한 에너지를 분출시킨다. 강한 에너지가 작용하여 자신이 원하는 것을 이루게 하는 것이다.

　넷째, 칭찬은 너그러운 마음을 갖게 한다. 칭찬 잘하는 사람이 관대한 것은 바로 마음의 여유에서 오는 너그러움 때문이다.

　사람의 말은 때에 따라서 약이 되기도 하고 병이 되기도 한다. 칭찬은 약이지만 음해와 모략은 병이 된다.

　한마디 말이 사람을 살리기도 하고 죽이기도 한다. 그래서 세 치도 안 되는 혀가 세상을 일으켜 세우기도 하고, 한순간에 무너트리기도 하는 것이다.

　칭찬은 우리 모두에게 희망을 주고, 용기를 주어 삶을 아름답게 만드는 에너지다. 이렇게 좋은 에너지가 되는 칭찬을 아낌없이 해야 한다. 자신이 하는 칭찬은 곧 자신에게 되돌아와 자신의 현재와 미래를 풍요롭게 가꾸어준다.

　칭찬을 하자. 작은 일에도 아낌없이 칭찬하자. 칭찬은 많이 하면 할수록 좋은 것이다.

Tip
Life Point

영국 격언에 이런 말이 있다.

"바보도 칭찬을 하면 천재로 만들 수 있다."

그렇다. 칭찬의 힘은 참으로 대단해서 바보를 천재로 만들고, 무능력한 사람을 능력자로 만든다. 칭찬은 사람의 마음을 사로잡는 매직이다. 칭찬의 마법에 빠진 사람들 중엔 자신이 생각조차 하지 못했던 결과를 이룬 경우가 많다. 아인슈타인, 조지 워싱턴, 엔리코 카루소, 안드레아 보첼리 등 실로 그 수를 셀 수 없을 정도다. 칭찬은 위대한 능력의 샘물이다. 칭찬은 용기를 갖게 한다. 칭찬은 희망을 품게 한다. 칭찬은 자신감을 길러준다. 칭찬은 사랑하는 마음에서 온다. 칭찬하라. 칭찬하는 자에게 복이 있다.

감동은 무쇠 같은 사람도
어깨를 들썩이게 한다

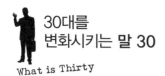
01 고정관념은 변화의 적이다. 지금보다 더 나은 인생을 원한다면 고정관념을 마음속에서 날려버려라.

02 새로운 자신의 모습을 항상 생각하라. 그러면 어떤 어려움도 고통도 견디어낼 수 있다.

03 기회가 찾아오길 기다리지 마라. 기회가 찾아오길 기다리면 이미 늦다. 성공하고 싶다면 당신이 먼저 찾아가라.

04 넘어지는 것을 두려워하지 마라. 당신이 지금 잘 걷는 것은 걸음마를 배울 때 많이 넘어져봤기 때문이다. 당신이 진정 보다 나은 삶을 원한다면 장애물을 두려워하지 말고 넘어가라.

05 지나간 실패에 대해 생각하지 마라. 실패를 잊되 실패를 통해 배운 교훈을 마음에 새겨 성공의 디딤돌로 삼아라.

06 자신을 철저하게 관리하라. 자신에게 지는 자는 그 어떤 성공도 기대하지 마라. 성공한 자들은 하나같이 자신을 이긴 사람들이다. 어떤 상황에서도 자신을 이기는 자가 돼라.

07 성공을 방해하는 세 가지 나쁜 마인드는, 첫째는 매사에 부정적인 생각을 하는 것, 둘째는 게으름과 나태함이며, 셋째는 대충 넘어가는 무사안일이다.

08 모르는 것은 반드시 알고 넘어가라. 무엇을 안다는 것은 새로운 변화를 위해 반드시 필요하다. 지식은 앎의 근본이다.

09 내 인생의 멘토를 정하라. 한 사람의 훌륭한 멘토가 훌륭한 인생을 만든다. 훌륭한 멘토는 지혜와 경험을 제공함으로써 성공적인 삶을 이루는 데 결정적인 역할을 한다.

10 나와 너의 인간관계 법칙을 활용하라. '나와 너의 인간관계의 법칙'이란 삶에 있어 서로가 서로에게 의미 있는 역할 관계를 말한다. 이때 중요한 것은 상대방에게 좋은 인상을 심어주어야 한다는 것이다. 그렇지 않다면 어느 누구도 나에게 깊은 관심을 기울이지 않을 것이다.

11 걱정이란 마음속에 쌓아둘수록 인생의 주름살만 늘어나게 한다.

12 세상에서 가장 필요로 하는 것도 사람이며 가장 경계해야 할 대상도 사람이다. 나와 인생의 코드가 맞는 사람은 내 인생에 빛과 소금 같은 존재다.

13 무너진 강둑은 다시 쌓으면 되지만 한 번 깨진 신뢰를 다시 쌓기란 태산을 오르는 것처럼 힘들다.

14 부지런한 새가 더 많은 먹이를 구하는 법이다. 더 많은 것을 얻고 싶다면 부지런한 인생의 새가 되어라.

15 자신을 변화시키는 가장 좋은 방법은 자신을 사람들 앞에 노출시켜 그들과 함께하는 것이다. 그렇게 될 때 보고 듣고 얻을 것이 많아져 자신을 좀 더 새로운 길로 나아가게 하는 새로운 에너지가 분출된다.

16 경쟁에도 질서는 있어야 한다. 경쟁자가 아무리 편법을 쓴다고 해도 그 경쟁에서 이기려면 정직하고 당당하게 경쟁상대를 제압해야 한다. 거짓은 뿌리를 드러낸 나무와 같아 자신을 쉽게 쓰러트리고 만다.

17 시도하지 않으면 아무것도 할 수 없다. 변화란 새로운 시도를 통해서만 가능하다.

18 새로운 변화에는 늘 두려움과 걱정이 따른다. 이는 새로운 것에 대한 실패를 염려하기 때문이다. 새로운 변화를 원한다면 두려움의 사슬에서 벗어나야 한다.

19 신념이 서지 않는 일은 절대 하지 마라. 그러나 신념이 서는 일엔 도전의 칼을 뽑아 들어라. 그리고 끝까지 신념을 잃지 마라.

20 강물은 거꾸로 흐르지 않듯 모든 이치는 순리대로 흘러간다. 순리를 거역하는 것은 무질서이며 그 결과는 곧 실패를 가져온다.

21 정직은 언제나 옳다. 정직은 죽지 않는다. 그래서 정직은 영원히 남는다. 정직은 모든 것의 최선이다.

22 자신을 성공적인 인간형 모드로 전환시켜라. 어떤 일을 하다 중도에서 포기한다면 그것처럼 어리석은 일은 없다. 자신이 어리석은 인간형 모드에 갇히지 않으려면 확고한 신념으로 꾸준하게 실천하라.

23 자신의 능력에 맞는 목표를 정하라. 사람은 누구나 그 사람만의 특기와 장점이 있다. 그 특기와 장점을 최선의 노력으로 활용하라. 그리고 꾸준히 실천하라.

24 기적을 믿기보다는 자신의 노력을 믿어라. 기적이나 요행을 바라게 되면 자신에게 있는 능력까지 소멸시킬 수 있다. 자신이 성공을 꿈꾼다면 자신의 능력을 최대한 계발시켜라.

25 인생의 모든 성패는 시간에서 온다. "시간은 곧 돈이다"라는 말이 있다. 이는 시간을 잘 쓰면 돈이 된다는 말인데 시간이 그만큼 귀하다는 것을 의미한다. 자신에게 주어진 시간의 진정한 주인이 돼라.

26 성공적인 인생이 되기 위해서는 성공주의자가 되어야 한다. 성공주의자가 되기 위해서는 첫째, 나는 행복한 사람이라고 여겨라. 둘째, 나는 무슨 일이든 할 수 있다고 생각하라. 셋째, 실패를 두려워하지 말고 실패를 기꺼이 받아들여라. 넷째, 처음부터 너무 잘하려고 하는 조급한 마음을 버려라. 다섯째, 자신과의 약속이라도 반드시 지켜라. 여섯째, 무엇을 할 땐 오늘이 마지막인 듯 열정적으로 하라. 일곱째, 오늘 일을 내일로 미루지 마라. 여덟째, 모르는 것은 알 때까지 파고들어라. 아홉째, 불가능은 있다는 미혹에 빠지지 마라. 열 번째, 쓸데없이 시간을 낭비하지 마라.

27 꿈이 있는 삶은 가난해도 행복하다. 그러나 꿈이 없는 삶은 돈이 많아도 행복하지 않다. 꿈은 돈이 줄 수 없는 절대적인 인생의 가치를 지녀 사람들을 행복하게 만드는 것이다.

28 돈이 없음을 부끄러워하지 말고 진정한 실력자가 돼라. 아무리 돈이 많아도 아는 것이 없으면 그 사람을 낮춰 보게 된다. 아는 게 없다는 것은 돈이 없는 것보다 더 부끄러운 일이다.

29 현대는 전문지식과 전문가를 요구한다. 현대는 모든 분야에서 단편적인 것이 아닌 전문적인 것을 요구하는 사회이다. 하나를 알아도 깊이 있게 아는 것을 원한다. 그래서 표피적이고 단순한 지식으로는 자신이 원하는 직업을 가질 수 없다. 기업이나 사회에서 요구하는 실력을 갖추어라. 그러지 않으면 죽었다 깨어나도 자신이 원하는 직업을 갖거나 일을 할 수가 없다.

30 항상 인생을 낙관적으로 생각하라. 낙관적인 생각은 사람을 능동적이고 긍정적으로 만든다. 그래서 시련이 파도처럼 밀려오고 고통이 산처럼 높이 쌓여도 쓰러지는 법이 없다. 오히려 그것을 교훈 삼아 새로운 길을 모색하는 지혜를 발휘하게 되는 것이다.

초판 1쇄 인쇄 2013년 9월 23일
초판 1쇄 발행 2013년 10월 1일

지은이 | 김옥림
펴낸이 | 박영철
펴낸곳 | 오늘의책
책임편집 | 김정연
디자인 | 송원철

주소 | 121-894 서울 마포구 잔다리로7길 12 (서교동)
전화 | 02-322-4595~6 팩스 02-322-4597
이메일 | tobooks@naver.com
블로그 | blog.naver.com/tobooks

등록번호 | 제10-1293호(1996년 5월 25일)

ISBN 978-89-7718-346-9 03320

값은 뒤표지에 있습니다.
잘못된 책은 구입하신 서점에서 바꿔드립니다.

이 책의 국립중앙도서관 출판시도서목록(CIP)은 e-CIP 홈페이지(http://www.nl.go.kr/ecip)와
국가자료공동목록시스템(http://www.nl.go.kr/kolisnet)에서 이용하실 수 있습니다.
(CIP 제어번호: CIP 2013018404)